Immanuel Kant, am 22. 4. 1724 in Königsberg geboren, ist am 12. 2. 1804 ebenda gestorben. Mit seiner Philosophie der Vernunft erreicht Deutschland den Durchbruch zur Aufklärung und zugleich deren Transzendierung: Die ethische Ideenlehre Kants steht in der abendländischen Geschichte einzig da und hat bis in die neueste Zeit Weltgeltung wie Weltwirkung.

Ausgehend von der Betrachtung unserer Erkenntnismöglichkeiten, die sich entschieden gegen jeden Dogmatismus wendet, den Mut zur verantwortlichen Selbstbehauptung stärkt und dem Wagnis des eigenen Denkens Priorität zuschreibt, findet Kant zu verbindlichen Regeln des Handelns in der Gemeinschaft: Seine Bejahung der praktischen Vernunft auf der Basis ethisch begründeter Freiheit und Menschenwürde, die dem einzelnen als einem Vertreter der gesamten Menschheit einen bedeutenden Platz zuweist, verbindet sich mit dem unerschütterlichen Vertrauen in ein schaffendes Ordnungsprinzip des Kosmos, aus dem wir die Aufgabe unserer persönlichen Vervollkommnung ableiten können.

Die Auswahl *Kant für Gestreßte* stellt Kerngedanken aus dem umfangreichen Werk vor, die uns durch klarsichtiges Erfassen der Wirklichkeit als einer notwendigen Voraussetzung zur moralischen Lebensgestaltung vor Irrwegen bewahren wollen und den Umgang mit uns selbst und anderen erleichtern.

insel taschenbuch 2990

Kant für Gestreßte

Kant für Gestreßte

Ausgewählt von
Ursula Michels-Wenz

Insel Verlag

Umschlagfoto: Manfred Thonig/Picture Press

insel taschenbuch 2990
Erste Auflage 2004
Originalausgabe

Vertrieb durch den Suhrkamp Taschenbuch Verlag
Umschlag nach Entwürfen von Willy Fleckhaus
Satz: Hümmer GmbH, Waldbüttelbrunn
Druck: Memminger MedienCentrum AG
Printed in Germany
ISBN 3-458-34690-2

2 3 4 5 6 – 09 08 07 06 05 04

Inhalt

Vorwort

»In Zeiten, wo uns das Leben schwer zu tragen wird«, schrieb Hermann Hesse im Juli 1920, »gibt es keine wertvollere Zuflucht als zu den Problemen des abstrakten Denkens, von welchen uns nicht irgendein billiger Trost zufließt, wo uns aber die angestrengte Beschäftigung mit zeitlosen Werten das Herz kühlt und den Geist stärkt.« – Kühlung des Herzens und Stärkung des Geistes sind es denn auch, die wir in der klaren Gedankenwelt Immanuel Kants finden, sobald wir nicht mehr vor seiner als schwierig geltenden Philosophie zurückschrecken.

Mit Kant zu denken – oder: besser denken zu lernen – erscheint angesichts seines fast nur für »Berufsphilosophen« verständlichen Gesamtwerks wie das sprichwörtliche »Per aspera ad astra«, also ein mühsames Vorwärtsschreiten, an dessen entferntem Ziel jenes »Licht« zu erwarten ist, das die Epoche der Aufklärung mit dem erhofften Mündigwerden des einzelnen so zuversichtlich anstrebte und das Friedrich Schiller in einem Dankesbrief an Kant als »wohltätig« und »unvergänglich« bezeichnet hat.

Es gibt Stimmen, die behaupten, die Aufklärung sei gescheitert – und zahlreiche Anzeichen sprechen dafür; es gibt aber auch andere, die davon ausgehen, daß sie noch gar nicht erreicht worden ist und deshalb weiter unseres ganzen Einsatzes bedarf. In dieser Tradition versteht sich die Gedankenlese »Für Gestreßte«: Sie ebnet den ersten Schritt zu Kants Philosophie der Vernunft und richtet sich zugleich auf das Ideal jenseits aller Vernunft, ohne daß Vorkenntnisse vonnöten wären; und dies durchaus mit Zustimmung des Philosophen, der die »Zurüstungen der Gelehrsamkeit« für entbehrlich hielt, wo es um das ihm Wesentliche ging, weil es hierbei nämlich auf die moralisch-praktische Lebensführung und nicht auf die Raffinesse einer speziell ausgebildeten Intellektualität ankommt. In welche Höhe die *reine* Vernunft auf dem Weg über Anschauung, Erfahrung und Urteilskraft durch Schlüsse der Analogie auch steigen kann, im Zusammenleben der Menschen muß sie sich doch der *praktischen* Vernunft beugen, so wie Natur und Freiheit als offensichtliche Antipoden unter dem sozialen Gesichtspunkt des ethischen Primats vereint werden müssen. Die wahre Freiheit ist bei Kant eine *Freiheit zum Guten*, während er jedes Sich-treiben-Lassen und uneingeschränkte Verfolgen persönlicher Begierden als Abhängigkeit von (niederen) Eigeninteressen sieht und folglich als Unfreiheit bezeichnet.

Unter den Prämissen der Vernunft allein besitzt der Mensch, auch in der Praxis, Würde und Freiheit als ein ihm zukommendes Recht, das grundsätzlich und unverletzbar ist. Daraus folgt eine der berühmtesten Forderungen der Philosophiegeschichte, der sogenannte »kategorische Imperativ«, den Kant immer wieder unterschiedlich formuliert hat und der in unserer Auswahl folgendermaßen zitiert ist: »Handle so, daß die Maxime deines Willens jederzeit zugleich als Prinzip einer allgemeinen Gesetzgebung gelten könne« – was, perspektivisch auf den Mitmenschen bezogen, nichts anderes besagt als die altbekannte Volksweisheit, auf die jede Erziehung Wert legen muß: »Was du nicht willst, das man dir tu, das füg auch keinem andern zu.«

Der Erziehung des Menschen, seiner moralischen Ausbildung ebenso wie der seines Verstandes, mißt Kant größte Bedeutung für das Wohlergehen der Menschheit bei, weil nur so »die wichtigste Revolution in dem Innern des Menschen« stattfinden kann, nämlich »der Ausgang desselben aus seiner selbstverschuldeten Unmündigkeit«; und dieser Durchbruch gelingt erst, wenn man zu beobachten, zu unterscheiden und richtig zu urteilen gelernt hat. Das horazische »Sapere aude«, die Aufforderung zur unerschrockenen Selbstbehauptung des eigenen Denkens, heißt bei Kant: »Habe den Mut, dich deines Verstandes zu bedienen.« Aus dem Wechselspiel zwischen Erfahrung und Verstandesmut sowie der freiwilligen Verpflichtung zum Wohlwollen gegen alle und alles erwächst die sichere Richtschnur der Erkenntnis. Wer aber Erkenntnis erlangt, weiß sich eingeordnet in ein Ganzes und wird, bei aller Selbstachtung, am Ende bescheiden gegenüber dem Unbegreiflichen.

»Das Feld der Philosophie in der weltbürgerlichen Bedeutung«, definiert Kant in seinem Aufsatz über die *Logik (Schriften zur Metaphysik und Logik)*, »läßt sich auf folgende Fragen bringen: Was kann ich wissen? Was soll ich tun? Was darf ich hoffen? Was ist der Mensch?«

Unsere Textauswahl ist diesen Fragestellungen entsprechend angeordnet und breit gefächert bis hin zu transzendenten Schlußfolgerungen. Die Kapiteleinteilung wurde lediglich aus Gründen der Übersichtlichkeit vorgenommen: inhaltlich wären zahlreiche Passagen in mehreren

»Abteilungen« zugleich am Platz gewesen, entsprechend der Vorliebe Kants, das ihm Wichtige immer wieder und in jeweils neuen Zusammenhängen darzulegen. Das Gedankengebäude seiner Philosophie, eine systematische Anleitung zur Sittlichkeit durch Erkenntnis, war seine große Lebensaufgabe. Unbeirrt und geduldig, auch in Zeiten der Not, hat er darauf hingearbeitet. Was sein von Natur aus schwächlicher Körper an Kraft aufbringen konnte, ist in sein Werk geflossen. Sein äußeres Leben war unspektakulär, bescheiden und diszipliniert – scheinbar arm an Ereignissen, verglichen mit anderen Biographien, aber abenteuerlich im geistigen Erleben und beflügelnd für andere. Nie hat Kant den Umkreis seiner Geburtsstadt Königsberg (heute: Kaliningrad) verlassen. Reisen war ihm physisch zu anstrengend. Was er wissen wollte vom Alltag der »Welt«, las er in Reisebeschreibungen oder erfuhr es im Gedankenaustausch mit Zeitgenossen. Über vierzig Jahre lang ging er, ohne einen Tag krank zu sein, seiner akademischen Lehrtätigkeit nach. Seine Vorlesungen waren sehr beliebt und kursierten in Abschriften weit über den Kreis seiner Studenten hinaus. Mittags lud er regelmäßig, nachdem er mit 63 Jahren endlich ein eigenes Haus beziehen konnte, zu gepflegtem Essen, Weintrinken und ausgiebigen Gesprächen möglichst Freunde und Bekannte ein, die *keine* Philosophen waren. Ein heiterer, anregender Gastgeber soll er gewesen sein, obwohl sein Arbeitstag bereits um fünf Uhr früh begann mit Vorbereitungen für seine Vorlesungen, die fünfmal pro Woche auf sieben Uhr morgens angesetzt waren. – Nach dem ausgedehnten Mittagessen folgte ein längerer Spaziergang, dann wieder Studium.

Pünktlich abends um zehn Uhr war Kants Tagespensum zu Ende. In seinem ganzen Leben, so erzählt die Anekdote, soll er ein einziges Mal zu spät gekommen sein, weil er über der Lektüre von Rousseau alles andere vergessen hatte.

Die datierbaren Fakten dieses für damalige Begriffe ungewöhnlich langen Lebens listet die Zeittafel am Ende des Bandes auf. Sie sind rasch überflogen. Um so mehr Ausdauer erfordert der Inhalt, der dieses Leben erfüllt und reich gemacht hat. Man muß sich Kant als einen ausgeglichenen, ja glücklichen Menschen vorstellen. Etwas wie »Streß« wäre ihm fremd gewesen, weil er kritische Situationen vorher abzuschätzen wußte und sein Leben perfekt organisieren konnte. Dem nicht Organisierbaren sah er gelassen entgegen. Das gute Gewissen, zu tun, was er als seine Pflicht verstand, gab ihm innere Ruhe und Sicherheit. Seine Devise lautete: »Tue das, wodurch du *würdig* wirst, glücklich zu sein.« Nicht das Erstbeste, sondern das auf Dauer Beste für alle wollte er befördern. Deshalb schien ihm auch die übermäßige Hinwendung zu den Disproportionen des Geistes und individualpsychologischen Untiefen keinen anhaltenden Eigenwert zu haben, sondern nur vorübergehend, als Mittel zum Zweck des Erkennens. Viel mehr glaubte er an die ausgleichende Kraft einer Welteinheit und hatte Vertrauen in die menschliche Einsicht – nur sollte man die dazugehörende Geistesübung nicht zu lange aufschieben, denn »es ist niemals zu spät, vernünftig und weise zu werden; es ist aber jederzeit schwerer, wenn die Einsicht spät kommt, sie in Gang zu bringen«.

Frankfurt am Main, 2003 *U. M.-W.*

Möglichkeiten und Grenzen der Philosophie

Man kann keine Philosophie lernen; denn wo ist sie, wer hat sie im Besitze, und woran läßt sie sich erkennen? Man kann nur philosophieren lernen.

IV, 700

Es möchte wohl damit seine Richtigkeit haben, was uns das Studium der Natur und des Menschen sonst hinreichend lehrt, daß die unerforschliche Weisheit, durch die wir existieren, nicht minder verehrungswürdig ist in dem, was sie uns versagte, als in dem, was sie uns zuteil werden ließ.

VII, 283

Philosophie ist das System der philosophischen Erkenntnisse oder der Vernunfterkenntnisse aus Begriffen. Das ist der *Schulbegriff* von dieser Wissenschaft. Nach dem *Weltbegriffe* ist sie die Wissenschaft von den letzten Zwecken der menschlichen Vernunft. Dieser hohe Begriff gibt der Philosophie Würde, d. i. einen absoluten Wert. Und wirklich ist sie es auch, die allein nur *innern* Wert hat und allen andern Erkenntnissen erst einen Wert gibt.

VI, 446

Der Mensch ist erschaffen, die Eindrücke und Rührungen, die die Welt in ihm erregen soll, durch denjenigen Körper anzunehmen, der der sichtbare Teil seines Wesens ist und dessen Materie nicht allein dem unsichtbaren

Geiste, welcher ihn bewohnet, dienet, die ersten Begriffe der äußeren Gegenstände einzudrücken, sondern auch in der innern Handlung diese zu wiederholen, zu verbinden: kurz, zu denken.

I, 382

Denken ist *Reden* mit sich selbst – folglich sich auch innerlich *Hören.*

XII, 500

Alle menschliche Erkenntnis fängt mit Anschauung an, geht von da zu Begriffen und endigt mit Ideen.

IV, 604

Der eigentlich Philosoph werden will, muß sich üben, von seiner Vernunft einen freien und keinen bloß nachahmenden und, so zu sagen, mechanischen Gebrauch zu machen.

VI, 445

Freiheit im Denken, von einem fruchtbaren Kopfe ausgeübt, gibt immer Stoff zum Denken.

XII, 781

Das Ich ist nur das Bewußtsein meines Denkens.

IV, 350

Zwei einander bloß konträr entgegengesetzte Sätze können beide falsch sein.

VI, 501

Analytische Urteile lehren uns eigentlich nichts mehr vom Gegenstande, als was der Begriff, den wir von ihm haben, schon in sich enthält, weil sie die Erkenntnis über den Begriff des Subjekts nicht erweitern, sondern diesen nur erläutern.

IV, 629

Der Dogmatismus ist ein Polster zum Einschlafen und das Ende aller Belebung, welche letztere gerade das Wohltätige der Philosophie ist.

VI, 408 f.

Ohne Kenntnisse wird man nie ein Philosoph werden, aber nie werden auch Kenntnisse allein den Philosophen ausmachen.

VI, 448

Geist ist das belebende Prinzip im Menschen.

XII, 544

Die Schwäche des menschlichen Verstandes in Verbindung mit seiner Wißbegierde macht, daß man anfänglich Wahrheit und Betrug ohne Unterschied aufraffet. Aber nach und nach läutern sich die Begriffe, ein kleiner Teil bleibt, das übrige wird als Auskehricht weggeworfen.

II, 969 f.

Vernunftbegriffe dienen zum Begreifen, wie Verstandesbegriffe zum Verstehen. Wenn sie das Unbedingte enthalten, so betreffen sie etwas, worunter alle Erfahrung gehört, welches selbst aber niemals ein Gegenstand der Erfahrung ist.

III, 320

Es gibt ein unbegrenztes, aber auch unzugängliches Feld für unser gesamtes Erkenntnisvermögen, nämlich das Feld des Übersinnlichen, worin wir keinen Boden für uns finden, also auf demselben weder für die Verstandes- noch Vernunftbegriffe ein Gebiete zur theoretischen Erkenntnis haben können; ein Feld, welches wir zwar zum Behuf des theoretischen sowohl als praktischen Gebrauchs der Vernunft mit Ideen besetzen müssen, denen wir aber, in Beziehung auf die Gesetze aus dem Freiheitsbegriffe, keine andere als praktische Realität verschaffen können, wodurch demnach unsere theoretische Erkenntnis nicht im mindesten zu dem Übersinnlichen erweitert wird.

X, 83

Transzendentale Ideen haben einen vortrefflichen und unentbehrlichnotwendigen regulativen Gebrauch, nämlich den Verstand zu einem gewissen Ziele zu richten, in Aussicht auf welches die Richtungslinien aller seiner Regeln in einen Punkt zusammenlaufen.

IV, 565

Nachdem man sich tausendmal bei einem Unterfangen verirret hat, so wird der Gewinnst, der hiedurch der Erkenntnis der Wahrheiten zugewachsen ist, dennoch viel erheblicher sein, als wenn man nur immer die Heeresstraße gehalten hatte. – Ich werde meinen Lauf antreten und nichts soll mich hindern, ihn fortzusetzen.

I, 19

Das Reale in den Dingen überhaupt kann einander nicht widerstreiten.

III, 299

Durch sehr abstrakte Begriffe erkennen wir an *vielen* Dingen *wenig*; durch sehr konkrete Begriffe erkennen wir an *wenigen* Dingen *viel*; was wir also auf der einen Seite gewinnen, das verlieren wir wieder auf der andern.

VI, 531

Wir haben es doch nur mit unsern Vorstellungen zu tun; wie die Dinge an sich selbst sein mögen, ist gänzlich außer unsrer Erkenntnissphäre.

III, 228

Einige Logiker setzen zwar in der Logik *psychologische* Prinzipien voraus. Dergleichen Prinzipien aber in die Logik zu bringen, ist eben so ungereimt, als Moral vom Leben herzunehmen.

VI, 435

Wenn Eine falsche Folge aus einer Erkenntnis fließt, so ist die Erkenntnis selbst falsch. Denn wenn der Grund wahr wäre, so müßte die Folge auch wahr sein, weil die Folge durch den Grund bestimmt wird.

Man kann aber umgekehrt nicht schließen: wenn keine

falsche Folge aus einer Erkenntnis fließt, so ist es wahr; denn man kann aus einem falsche Grunde wahre Folgen ziehen.

VI, 478

Der *innere* Wert, den Erkenntnisse durch logische Vollkommenheit haben, ist mit ihrem *äußern* – dem Werte in der Anwendung – nicht zu vergleichen. Wie das, was *außer* unserm Horizonte liegt, sofern wir es nach unsern Absichten, als entbehrlich für uns, nicht wissen *dürfen* – so ist auch das, was *unter* unserm Horizont liegt, sofern wir es, als *schädlich* für uns, nicht wissen *sollen*, nur in einem *relativen*, keineswegs aber im absoluten Sinne zu verstehen.

VI, 468

Man muß sich seinen Horizont weder zu sehr ausdehnen, noch zu sehr einschränken. Denn der, der zu viel wissen will, weiß am Ende nichts, und der umgekehrt von einigen Dingen glaubt, daß sie ihn nichts angehen, betrügt sich oft; wie wenn z. B. der Philosoph von der Geschichte glaubte, daß sie ihm entbehrlich sei. – Der macht sich um die Geschichte wie ein Genie verdient, welcher sie unter Ideen faßt, die immer bleiben können.

VI, 468/469

Alle Welt hat irgend eine Metaphysik zum Zwecke der Vernunft, und sie, samt der Moral, machen die eigentliche Philosophie aus.

VI, 672

Aus der allgemeinen Metaphysik muß der Satz entlehnt werden, daß alle äußere Wirkung in der Welt *Wechselwirkung* sei.

IX, 111

Wir bleiben immer unwissend in Ansehung der wirkenden Ursachen, wenn wir gleich die Angemessenheit unserer Voraussetzungen mit Endursachen, es sei der Natur oder unsers Willens, noch so einleuchtend machen können.

IX, 139

Die Metaphysik ist eine Wissenschaft von den Grenzen der menschlichen Vernunft, und da ein kleines Land jederzeit viel Grenze hat, überhaupt auch mehr daran liegt, seine Besitzungen wohl zu kennen und zu behaupten, als blindlings auf Eroberungen auszugehen, so ist dieser Nutzen der erwähnten Wissenschaft der unbekannteste und zugleich der wichtigste, wie er denn auch nur ziemlich spät und nach langer Erfahrung erreichet wird.

II, 983

Nur das dogmatische und historische Wissen blähet auf. Das durch Kritik seiner eigenen Vernunft herabgestimmte des ersteren nötigt unvermeidlich zur Mäßigung in Ansprüchen (Bescheidenheit); die Anmaßung des letzteren aber, die Belesenheit im Plato und den Klassikern, die nur zur Kultur des Geschmacks gehört, kann nicht berechtigen, mit ihr den Philosophen machen zu wollen.

VI, 393 f.

Daß der Geist des Menschen metaphysische Untersuchungen einmal gänzlich aufgeben werde, ist eben so wenig zu erwarten, als daß wir, um nicht immer unreine Luft zu schöpfen, das Atemholen einmal lieber ganz und gar einstellen würden. Es wird also in der Welt jederzeit, und, was noch mehr ist, bei jedem, vornehmlich dem nachdenkenden Menschen Metaphysik sein, die, in Ermangelung eines öffentlichen Richtmaßes, jeder sich nach seiner Art zuschneidern wird.

V, 245

In einer Wissenschaft wissen wir oft nur die Erkenntnisse, aber nicht die dadurch vorgestellten Sachen; also kann es eine Wissenschaft von demjenigen geben, wovon unsre Erkenntnis kein Wissen ist.

VI, 501

Metaphysik ist die Vollendung aller *Kultur* der menschlichen Vernunft. – Daß sie, als bloße Spekulation, mehr dazu dient, Irrtümer abzuhalten, als Erkenntnis zu erweitern, tut ihrem Werte keinen Abbruch, sondern gibt ihr vielmehr Würde und Ansehen durch das Zensoramt, welches die allgemeine Ordnung und Eintracht, ja den Wohlstand des wissenschaftlichen gemeinen Wesens sichert und dessen mutige und fruchtbare Bearbeitungen abhält, sich nicht von dem Hauptzwecke, der allgemeinen Glückseligkeit, zu entfernen.

IV, 708 f.

Der Endzweck, auf den die ganze Metaphysik angelegt ist, ist leicht zu entdecken und kann in dieser Rücksicht eine Definition derselben begründen: »Sie ist die Wissenschaft, von der Erkenntnis des Sinnlichen zu der des Übersinnlichen durch die Vernunft fortzuschreiten.«

VI, 590

Es ist niemals zu spät, vernünftig und weise zu werden; es ist aber jederzeit schwerer, wenn die Einsicht spät kommt, sie in Gang zu bringen.

V, 114

Ich werde kein Bedenken tragen, den Satz eines noch so berühmten Mannes freimütig zu verwerfen, wenn er sich meinem Verstande als falsch darstellet. Diese Freiheit wird mir sehr verhaßte Folgen zuziehen. Die Welt ist sehr geneigt zu glauben: daß derjenige, der in einem oder dem andern Falle eine richtigere Erkenntnis zu haben glaubet als etwa ein großer Gelehrter, sich auch in seiner Einbildung gar über ihn setze. Ich unterstehe mich zu sagen, daß dieser Schein sehr betrüglich sei.

I, 17

Man wird mich zuweilen in dem Tone eines Menschen hören, der von der Richtigkeit seiner Sätze sehr wohl versichert ist, und der nicht befürchtet, daß ihm werde widersprochen werden, oder daß ihn seine Schlüsse betrügen können. Ich bin so eitel nicht, mir dieses in der Tat einzubilden, ich habe auch nicht Ursache, meinen Sätzen den Schein eines Irrtums so sorgfältig zu benehmen; denn nach so viel Fehltritten, denen der menschliche Verstand zu allen Zeiten unterworfen gewesen, ist es keine Schande mehr, geirret zu haben.

I, 19

Wenn ich meine Gedanken nur unter dem Namen der Zweifel vortrüge, so würde die Welt, die ohnedem geneigt ist, sie für nichts Besseres anzusehen, sehr leicht über dieselbige hinweg sein. – Ein Schriftsteller ziehet gemeiniglich seinen Leser unvermerkt mit in diejenige Verfassung, in der er sich bei Verfertigung seiner Schrift selber befunden hatte. Ich wollte ihm also, wenn es möglich wäre, lieber den Zustand der Überzeugung, als des Zweifels mitteilen.

I, 20

Wenn die Wissenschaft ihren Kreis durchlaufen hat, so gelanget sie natürlicher Weise zu dem Punkte eines bescheidenen Mißtrauens und sagt, unwillig über sich selbst, *wie viel Dinge gibt es doch, die ich nicht einsehe.* Aber die durch Erfahrung gereifte Vernunft, welche zur Weisheit wird, spricht in dem Munde des Sokrates, mitten unter den Waren eines Jahrmarkts, mit heiterer Seele: *Wie viel Dinge gibt es doch, die ich nicht brauche.* Auf solche Art fließen endlich zwei Bestrebungen von so unähnlicher Natur zusammen, ob sie gleich anfangs nach sehr verschiedenen Richtungen ausgingen, indem die erste eitel und zufrieden, die zweite aber gesetzt und genügsam ist. Denn um vernünftig zu wählen, muß man vorher erst das Entbehrliche, ja das Unmögliche kennen.

II, 984

Natur und Freiheit

Die Natur, ihren allgemeinen Eigenschaften überlassen, ist an lauter schönen und vollkommenen Früchten fruchtbar, welche nicht allein an sich Übereinstimmung und Trefflichkeit zeigen, sondern auch, mit dem ganzen Umfange ihrer Wesen, mit dem Nutzen der Menschen und der Verherrlichung der göttlichen Eigenschaften, wohl harmonieren. Hieraus folget, daß ihre wesentlichen Eigenschaften keine unabhängige Notwendigkeit haben können; sondern, daß sie ihren Ursprung in einem einzigen Verstande, als dem Grunde und der Quelle aller Wesen, haben müssen, in welchem sie, unter gemeinschaftlichen Beziehungen, entworfen sind. Alles, was sich auf einander, zu einer gewechselten Harmonie, beziehet, muß in einem einzigen Wesen, von welchem es insgesamt abhänget, unter einander verbunden werden. Also ist ein Wesen aller Wesen, ein unendlicher Verstand und eine selbständige Weisheit vorhanden, daraus die Natur, auch sogar ihrer Möglichkeit nach, in dem ganzen Inbegriffe der Bestimmungen, ihren Ursprung ziehet. – Je vollkommener sie in ihren Entwickelungen ist, je besser ihre allgemeinen Gesetze zur Ordnung und Übereinstimmung führen: ein desto sichererer Beweis der Gottheit ist sie, von welcher sie diese Verhältnisse entlehnet. Ihre Hervorbringungen sind nicht mehr Wirkungen des Ungefährs und Folgen des Zufalls; es fließet alles nach unwandelbaren Gesetzen von ihr ab, welche darum lauter Geschicktes darstellen müssen, weil sie lauter Züge aus dem allerweisesten Entwurfe sein, aus dem die Unordnung verbannet ist.

I, 357f

Je näher man die Natur wird kennen lernen, desto mehr wird man einsehen, daß die allgemeinen Beschaffenheiten der Dinge einander nicht fremd und getrennt sein. Man wird hinlänglich überführet werden, daß sie wesentliche Verwandtschaften haben, durch die sie sich von selber anschicken, einander in Errichtung vollkommener Verfassungen zu unterstützen, die Wechselwirkung der Elemente zur Schönheit der materialischen und doch auch zugleich zu den Vorteilen der Geisterwelt, und daß überhaupt die einzelnen Naturen der Dinge in dem Felde der ewigen Wahrheiten schon untereinander, so zu sagen, ein System ausmachen, in welchem eine auf die andere beziehend ist; man wird auch alsbald inne werden, daß die Verwandtschaft ihnen von der Gemeinschaft des Ursprungs eigen ist, aus dem sie insgesamt ihre wesentlichen Bestimmungen geschöpft haben.

I, 392

Wir haben zwei Ausdrücke: *Welt* und *Natur*, welche bisweilen in einander laufen. Das erste bedeutet das mathematische Ganze aller Erscheinungen und die Totalität ihrer Synthesis, im Großen sowohl als im Kleinen, d. i. sowohl in dem Fortschritt derselben durch Zusammensetzung als durch Teilung. Eben dieselbe Welt wird aber Natur genannt, so fern sie als ein dynamisches Ganzes betrachtet wird und man nicht auf die Aggregation im

Raume oder der Zeit, um sie als eine Größe zu Stande zu bringen, sondern auf die Einheit im *Dasein* der Erscheinungen sieht.

IV, 408

Ein organisiertes Produkt der Natur ist das, in welchem alles Zweck und wechselseitig auch Mittel ist. Nichts in ihm ist umsonst, zwecklos oder einem blinden Naturmechanismus zuzuschreiben. –

Ein organisiertes Wesen ist nicht bloß Maschine: denn die hat lediglich *bewegende* Kraft; sondern es besitzt in sich *bildende* Kraft, und zwar eine solche, die es den Materien mitteilt, welche sie nicht haben: also eine sich fortpflanzende bildende Kraft.

X, 324/322

Unzählbare Anordnungen der Natur haben keinen andern Grund als die weise Absicht desjenigen, der gewollt hat, daß sie so und nicht anders verknüpft werden sollten.

II, 688

Alles in der Natur, sowohl in der leblosen als auch in der belebten Welt, geschieht *nach Regeln*, ob wir gleich diese Regeln nicht immer kennen. – Das Wasser fällt nach Gesetzen der Schwere, und bei den Tieren geschieht die Bewegung des Gehens auch nach Regeln. Der Fisch im Wasser, der Vogel in der Luft bewegt sich nach Regeln. Die ganze Natur überhaupt ist eigentlich nichts anders als ein Zusammenhang von Erscheinungen nach Regeln; und es gibt überall *keine Regellosigkeit*. Wenn wir eine solche zu finden meinen, so können wir in diesem Falle nur sagen: daß uns die Regeln unbekannt sind.

VI, 432

Keine Kraft der Natur kann von selbst von ihren eigenen Gesetzen abweichen.

III, 308

Die ausgebildete Welt befindet sich zwischen den Ruinen der zerstörten und zwischen dem Chaos der ungebildeten Natur mitten inne beschränket, und wenn man, wie es wahrscheinlich ist, sich vorstellet, daß eine schon zur Vollkommenheit gediehene Welt eine längere Zeit dauren könne, als sie bedurft hat, gebildet zu werden: so wird ungeachtet aller der Verheerungen, die die Vergänglichkeit anrichtet, der Umfang des *Universi* dennoch überhaupt zunehmen.

Will man aber noch zuletzt einer Idee Platz lassen, die eben so wahrscheinlich als der Verfassung der göttlichen Werke wohlanständig ist: so wird die Zufriedenheit, welche eine solche Abschilderung der Natur erreget, bis zum höchsten Grade des Wohlgefallens erhoben. Kann man nicht glauben, die Natur, welche vermögend war, sich aus dem Chaos in eine regelmäßige Ordnung und in ein geschicktes System zu setzen, sei ebenfalls im Stande, aus dem neuen Chaos, darin sie die Verminderung ihrer Bewegungen versenket hat, sich wiederum eben so leicht herzustellen und die erste Verbindung zu erneuren?

I, 341 f.

Alles, was die Natur selbst anordnet, ist zu irgend einer Absicht gut. Selbst Gifte dienen dazu, andere Gifte, welche sich in unseren eigenen Säften erzeugen, zu überwältigen, und dürfen daher in einer vollständigen Sammlung von Heilmitteln nicht fehlen.

IV, 634

Die stärksten Antriebe der Natur, welche die Stelle der unsichtbar das menschliche Geschlecht durch eine höhere, das physische Weltbeste allgemein besorgende Vernunft vertreten, sind *Liebe zum Leben* und *Liebe zum Geschlecht*; die erstere um das Individuum, die zweite um die Spezies zu erhalten.

XII, 614 f.

So wie die Liebe zum Leben von der Natur zur Erhaltung der *Person*, so ist die Liebe zum Geschlecht von ihr zur Erhaltung der *Art* bestimmt; d.i. eine jede von beiden ist *Naturzweck*.

VIII, 556 f.

Alles in der Welt ist irgend wozu gut; nichts ist in ihr umsonst; und man ist durch das Beispiel, das die Natur an ihren organischen Produkten gibt, berechtigt, ja berufen, von ihr und ihren Gesetzen nichts, als was im Ganzen zweckmäßig ist, zu erwarten. –

Es ist gut, selbst die uns unangenehmen und in besondern Beziehungen zweckwidrigen Dinge auch von dieser Seite zu betrachten. – Selbst was dem Menschen in seiner innern Organisation widernatürlich zu sein scheint, gibt eine unterhaltende, bisweilen auch belehrende Aussicht in eine teleologische Ordnung der Dinge, auf die uns die bloß physische Betrachtung allein nicht führen würde.

X, 328f.

An der Natur liegt es niemals, wenn wir nicht mit einem gute Anstande erscheinen, sondern daran, daß man sie verkehren will.

II, 865

Die praktische Freiheit kann durch Erfahrung bewiesen werden. Denn nicht bloß das, was reizt, d.i. die Sinne unmittelbar affiziert, bestimmt die menschliche Willkür, sondern wir haben ein Vermögen, durch Vorstellungen von dem, was selbst auf *entferntere* Art nützlich oder schädlich ist, die Eindrücke auf unser sinnliches Begehrungsvermögen zu überwinden; diese Überlegungen aber von dem, was in Ansehung unseres ganzen Zustandes begehrungswert, d.i. gut und nützlich ist, beruhen auf der Vernunft. Diese gibt daher auch Gesetze, welche Imperative, d.i. objektive *Gesetze der Freiheit* sind, und welche sagen, *was geschehen soll*, ob es gleich vielleicht nie geschieht, und sich darin von *Naturgesetzen*, die nur von dem handeln, was *geschieht*, unterscheiden, weshalb sie auch praktische Gesetze genannt werden.

IV, 675

In Betrachtung der Natur gibt uns Erfahrung die Regel an die Hand und ist der Quell der Wahrheit; in Ansehung der sittlichen Gesetze aber ist Erfahrung (leider!) die Mutter des Scheins, und es ist höchst verwerflich, die Gesetze über das, was ich *tun soll*, von demjenigen herzunehmen, oder dadurch einzuschränken zu wollen, was *getan wird*.

III, 325

In *praktischer Absicht* ist der Fußsteig der Freiheit der einzige, auf welchem es möglich ist, von seiner Vernunft bei unserem Tun und Lassen Gebrauch zu machen, daher wird es der subtilsten Philosophie eben so unmöglich wie der gemeinsten Menschenvernunft, die Freiheit wegzuvernünfteln. Diese muß also wohl voraussetzen: daß kein wahrer Widerspruch zwischen Freiheit und Naturnotwendigkeit ebenderselben menschlichen Handlungen angetroffen werde, denn sie kann eben so wenig den Begriff der Natur als den der Freiheit aufgeben.

VII, 92

Man kann sich nur zweierlei Kausalität in Ansehung dessen, was geschieht, denken, entweder nach der *Natur* oder aus *Freiheit*. Die erste ist die Verknüpfung eines Zustandes mit einem vorigen in der Sinnenwelt, worauf jener nach einer Regel folgt. – Dagegen verstehe ich unter Freiheit, im kosmologischen Verstande, das Vermögen, einen Zustand *von selbst* anzufangen. – Die Freiheit ist in dieser Bedeutung eine reine transzendentale Idee, die erstlich nichts von der Erfahrung Entlehntes enthält, zweitens deren Gegenstand auch in keiner Erfahrung bestimmt gegeben werden kann. – Es ist überaus merkwürdig, daß auf diese *transzendentale Idee* der *Freiheit* sich der praktische

Begriff derselben gründe. – Die *Freiheit* im *praktischen Verstande* ist die Unabhängigkeit der Willkür von der *Nötigung* durch Antriebe der Sinnlichkeit.

IV, 488 f.

Die Vernunft setzt einen persönlichen Wert, den der Mensch sich allein geben kann, als Bedingung, unter welcher allein er und sein Dasein Endzweck sein kann, voraus. In Ermangelung desselben tun die Zwecke der Natur seiner Nachfrage nicht Genüge.

X, 446

Der Freiheitsbegriff kann die Vernunft über diejenigen Grenzen erweitern, innerhalb deren jeder Naturbegriff ohne Hoffnung eingeschränkt werden müßte.

X, 442

Es kommt nicht auf das an, was die Natur aus dem Menschen, sondern was dieser *aus sich selbst macht*.

XII, 634

Es ist vielleicht ein Zwang des Willens und eine Notwendigkeit, welche die Freiheit aufhebet, nicht umhin zu können, dasjenige zu wählen, was man deutlich und richtig fürs Beste erkennt. Gewiß, wenn das Gegenteil hievon Freiheit ist, wenn hier zwei Scheidewege in einem Labyrinth von Schwierigkeiten sein, wo ich auf die Gefahr zu irren mich zu einem entschließen soll, so besinne ich mich nicht lange. –

Wenn ich durchaus unter Irrtümern wählen soll, so lobe

ich mir lieber jene gütige Notwendigkeit, wobei man sich so wohl befindet und woraus nichts anderes als das Beste entspringen kann.

II, 593

Man kann es für die Zwecke der Natur als Grundsatz annehmen: sie wolle, daß jedes Geschöpf seine Bestimmung erreiche; dadurch, daß alle Anlagen seiner Natur sich zweckmäßig für dasselbe entwickeln, damit, wenn gleich nicht jedes *Individuum*, doch die Spezies die Absicht derselben erfülle. Bei vernunftlosen Tieren geschieht dieses wirklich und ist Weisheit der Natur; beim Menschen aber erreicht es nur die Gattung, wovon wir unter vernünftigen Wesen auf Erden nur Eine, nämlich die Menschengattung, kennen und in dieser auch nur eine Tendenz der Natur zu diesem Zwecke: nämlich durch ihre eigene Tätigkeit die Entwickelung des Guten aus dem Bösen dereinst zu Stande zu bringen.

XII, 684

Wenn von der dem Menschen überhaupt zugehörigen Vollkommenheit gesagt wird: daß, sie sich zum Zweck zu machen, an sich selbst Pflicht sei, so muß sie in demjenigen gesetzt werden, was Wirkung von seiner Tat sein kann, nicht was bloß Geschenk ist, das er der Natur verdanken muß. – Es ist ihm Pflicht: sich aus der Rohigkeit seiner Natur, aus der Tierheit, immer mehr zur Menschheit, durch die er allein fähig ist, sich Zwecke zu setzen, empor zu arbeiten: seine Unwissenheit durch Belehrung zu ergänzen und seine Irrtümer zu verbessern, und dieses ist ihm nicht bloß die technisch-praktische Vernunft zu seinen anderwärtigen Absichten *anrätig*, sondern die moralisch-praktische *gebietet* es ihm schlechthin und macht diesen Zweck ihm zur Pflicht, um der Menschheit, die in ihm wohnt, würdig zu sein.

VIII, 516f.

Als ein vernünftiges, mithin zur intelligibelen Welt gehöriges Wesen kann der Mensch die Kausalität seines eigenen Willens niemals anders als unter der Idee der Freiheit denken; denn Unabhängigkeit von den bestimmenden Ursachen der Sinnenwelt ist Freiheit. Mit der Idee der Freiheit ist nun der Begriff der *Autonomie* unzertrennlich verbunden, mit diesem aber das allgemeine Prinzip der Sittlichkeit, welches in der Idee allen Handlungen *vernünftiger* Wesen eben zum Grunde liegt. – Wenn wir uns als frei denken, so versetzen wir uns als Glieder in die Verstandeswelt und erkennen die Autonomie des Willens, samt seiner Folge, der Moralität.

VII, 88f.

Ein jedes Wesen, das nicht anders als *unter der Idee der Freiheit* handeln kann, ist eben darum, in praktischer Rücksicht, wirklich frei, d.i. es gelten für dasselbe alle Gesetze, die mit der Freiheit unzertrennlich verbunden sind, eben so, als ob sein Wille auch an sich selbst, und in der theoretischen Philosophie gültig, für frei erklärt würde. Nun behaupte ich: daß wir jedem vernünftigen Wesen, das einen Willen hat, notwendig auch die Idee der Freiheit leihen müssen, unter der es allein handle. Denn in einem solchen Wesen denken wir uns eine Vernunft, die praktisch ist.

VII, 83

Zur inneren Freiheit werden zwei Stücke erfordert: seiner selbst in einem gegebenen Fall *Meister* und über sich selbst *Herr* zu sein, d. i. seine Affekte zu *zähmen* und seine Leidenschaften zu *beherrschen*. Die *Gemütsart* in diesen beiden Zuständen ist *edel*, im entgegengesetzten Fall aber *unedel*.

VIII, 539

Vermittelst der Vernunft ist der Seele des Menschen ein *Geist* beigegeben, damit er nicht ein bloß dem Mechanismus der *Natur* und ihren technisch-praktischen, sondern auch ein der Spontaneität der *Freiheit* und ihren moralisch-praktischen Gesetzen angemessenes *Leben* führe. Dieses Lebensprinzip gründet sich nicht auf Begriffen des *Sinnlichen* – sondern es geht zunächst und unmittelbar von einer Idee des *Übersinnlichen* aus, nämlich der *Freiheit*.

VI, 410

Wissen und Erfahrung

Die Grundsätze möglicher Erfahrung sind zugleich allgemeine Gesetze der Natur.

V, 172

Reine Verstandesbegriffe haben ganz und gar keine Bedeutung, wenn sie von Gegenständen der Erfahrung abgehen und auf Dinge an sich selbst bezogen werden sollen. Sie dienen gleichsam nur, Erscheinungen zu buchstabieren, um sie als Erfahrung lesen zu können.

V, 180f.

Natur ist das *Dasein* der Dinge, sofern es nach allgemeinen Gesetzen bestimmt ist. – Mein Verstand, und die Bedingungen, unter denen er allein die Bestimmungen der Dinge in ihrem Dasein verknüpfen kann, schreibt den Dingen selbst keine Regel vor; diese richten sich nicht nach meinem Verstande, sondern mein Verstand müßte sich nach ihnen richten.

V, 159

Der unwissend ist, ohne die Gründe von den Grenzen der Unwissenheit einzusehen und sich darum zu bekümmern, ist es auf eine gemeine, nicht wissenschaftliche Weise. Ein solcher weiß nicht einmal, daß er nichts wisse. –

Die Kenntnis seiner Unwissenheit setzt also Wissenschaft voraus und macht zugleich bescheiden, dagegen das eingebildete Wissen aufbläht. So war Sokrates' Nichtwissen eine rühmliche Unwissenheit; eigentlich ein Wissen des Nichtwissens nach seinem eigenen Geständnisse. Diejenigen also, die sehr viele Kenntnisse besitzen und bei alle dem doch über die Menge dessen, was sie nicht wissen, erstaunen, kann der Vorwurf der Unwissenheit eben nicht treffen.

VI, 470

Der gelehrte Pöbel weiß nichts, er versteht nichts, aber er redet von allem, und was er redet, darauf pochet er.

II, 815

Das methodische Geschwätz der hohen Schulen ist oftmals nur ein Einverständnis, durch veränderliche Wortbedeutungen einer schwer zu lösenden Frage auszuweichen, weil das bequeme und mehrenteils vernünftige: *Ich weiß nicht* auf Akademien nicht leichtlich gehöret wird.

II, 923

Das Postulat, die *Wirklichkeit* der Dinge zu erkennen, fordert *Wahrnehmung*, mithin Empfindung, deren man sich bewußt ist, zwar nicht eben unmittelbar, von dem Gegenstande selbst, dessen Dasein erkannt werden soll, aber doch Zusammenhang desselben mit irgend einer wirklichen Wahrnehmung, nach den Analogien der Erfahrung, welche alle reale Verknüpfung in einer Erfahrung überhaupt darlegen.

III, 253

Die Sinne verwirren nicht. Dem, der ein gegebenes Mannigfaltige zwar *aufgefaßt*, aber *noch nicht geordnet* hat, kann man nicht nachsagen, daß er es verwirre. Die Wahrnehmungen der Sinne können nur innere *Erscheinungen* heißen. Der Verstand, der hinzukommt und sie unter einer Regel des Denkens verbindet, macht allererst daraus empirische Erkenntnis, d. i. *Erfahrung.*

XII, 433

Die Sinnlichkeit ist in keiner Schuld, sondern es ist vielmehr Verdienst von ihr, dem Verstande reichhaltigen Stoff, wogegen die abstrakten Begriffe desselben oft nur schimmernde Armseligkeiten sind, dargeboten zu haben.

XII, 434

Ich, als denkend, bin ein Gegenstand des innern Sinnes und heiße Seele. Dasjenige, was ein Gegenstand äußerer Sinne ist, heißt Körper. Demnach bedeutet der Ausdruck Ich, als ein denkend Wesen, schon den Gegenstand der Psychologie, welche die rationale Seelenlehre heißen kann, wenn ich von der Seele nichts weiter zu wissen verlange, als was unabhängig von aller Erfahrung (welche mich näher und in concreto bestimmt) aus diesem Begriffe *Ich*, sofern er bei allem Denken vorkommt, geschlossen werden kann.

IV, 341

Man muß die Wichtigkeit nicht mit der *Schwere* verwechseln. Eine Erkenntnis kann schwer sein, ohne wichtig zu sein, und umgekehrt. Schwere entscheidet daher weder *für* noch auch *wider* den Wert und die Wichtigkeit einer Erkenntnis. Diese beruhet auf der Größe oder Vielfalt der Folgen. Je mehr oder je größere Folgen eine Erkenntnis hat, je mehr Gebrauch sich von ihr machen läßt, desto wichtiger ist sie.

VI, 457

Es ist besser, wenig, aber dieses Wenige gründlich zu wissen, als viel und obenhin, denn endlich wird man doch das Seichte in diesem letztern Falle gewahr.

XII, 748

Die Kunst, oder vielmehr die *Gewandtheit*, im gesellschaftlichen *Tone* zu sprechen, und sich überhaupt modisch zu zeigen, welche, vornehmlich, wenn es Wissenschaft betrifft, fälschlich *Popularität* genannt wird, da sie vielmehr geputzte Seichtigkeit heißen sollte, deckt manche Armseligkeit des eingeschränkten Kopfes.

XII, 423

Es ist schon ein großer und nötiger Beweis der Klugheit oder Einsicht, zu wissen, was man vernünftiger Weise fragen solle.

III, 102

Ein Kopf von *langsamer* Begreifung ist darum noch nicht ein schwacher Kopf; so wie der von *behenden* Begriffen nicht immer auch ein gründlicher, sondern oft sehr seicht ist.

XII, 516

Unwissenheit ist nicht Dummheit.

XII, 516

Es ist wichtig, eine Erkenntnis an Menschen zu prüfen, deren Verstand an keiner Schule hängt.

VI, 474

Zu aller Erfahrung und deren Möglichkeit gehört Verstand, und das erste, was er dazu tut, ist nicht: daß er die Vorstellung der Gegenstände deutlich macht, sondern daß er die Vorstellung eines Gegenstandes überhaupt möglich macht.

III, 234

Je stärker die Sinne sich *affiziert* fühlen, desto weniger *lehren* sie. Umgekehrt: wenn sie viel lehren sollen, müssen sie mäßig affizieren. Im stärksten Licht *sieht* man nichts, und eine stentorisch angestrengte Stimme *betäubt*.

XII, 452

Alle unsere Erkenntnis hebt von den Sinnen an, geht von da zum Verstande und endigt bei der Vernunft, über welche nichts Höheres in uns angetroffen wird, den Stoff der Anschauung zu bearbeiten und unter die höchste Einheit des Denkens zu bringen.

III, 311 f.

Erfahrung ist nur durch die Vorstellung einer notwendigen Verknüpfung der Wahrnehmungen möglich.

III, 216

Gedanken ohne Inhalt sind leer, Anschauungen ohne Begriffe sind blind. Daher ist es ebenso notwendig, seine Begriffe sinnlich zu machen, als, seine Anschauungen sich verständlich zu machen. Beide Vermögen, oder Fähigkeiten, können auch ihre Funktionen nicht vertauschen. Der Verstand vermag nichts anzuschauen und die Sinne nichts zu denken. Nur daraus, daß sie sich vereinigen, kann Erkenntnis entspringen.

III, 98

Erfahrungsurteile, als solche, sind insgesamt synthetisch.

III, 53

Erfahrung ist ohne Zweifel das erste Produkt, welches unser Verstand hervorbringt, indem er den rohen Stoff sinnlicher Empfindungen bearbeitet. Sie ist eben dadurch die erste Belehrung und im Fortgange so unerschöpflich an neuem Unterricht, daß das zusammengekettete Leben aller künftigen Zeugungen an neuen Kenntnissen, die auf diesem Boden gesammelt werden können, niemals Mangel haben wird. Gleichwohl ist sie bei weitem nicht das einzige Feld, darin sich unser Verstand einschränken läßt. Sie sagt uns zwar, was da sei, aber nicht, daß es notwendiger Weise so und nicht anders sein müsse. Eben darum gibt sie uns auch keine wahre Allgemeinheit, und die Vernunft, welche nach dieser Art von Erkenntnissen so begierig ist, wird durch sie mehr gereizt als befriedigt.

III, 48

Die Realität des äußeren Sinnes ist mit der des innern, zur Möglichkeit einer Erfahrung überhaupt, notwendig verbunden.

III, 39

Ich würde mich an der gemeinen Erfahrung halten und vorläufig sagen: wo ich empfinde, da *bin ich*. Ich bin ebenso unmittelbar in der Fingerspitze wie in dem Kopfe. Ich bin es selbst, der in der Ferse leidet und welchem das Herz im Affekte klopft. – Keine Erfahrung lehrt mich, einige Teile meiner Empfindung von mir für entfernt zu halten, mein unteilbares Ich in ein mikroskopisch kleines Plätzchen des Gehirns zu versperren.

II, 931

Wo ich etwas antreffe, das mich belehrt, da eigne ich es mir zu.

II, 960

Der gesunde Verstand bemerkt oft die Wahrheit eher, als er Gründe einsieht, dadurch er sie beweisen oder erläutern kann.

II, 932

Wenn wir aus unseren eigenen Begriffen nichts Gewisses sagen und ausmachen können, so dürfen wir nicht die Schuld auf die Sache schieben, die sich uns verbirgt.

IV, 454

Es kann das Sinnliche völlig deutlich sein und das Intellektuelle äußerst verworren.

V, 37

Deutlichkeit ist eine Wirkung der Ordnung und Undeutlichkeit eine Wirkung der Verwirrung, und es ist also jede verworrene Erkenntnis auch eine undeutliche. Aber der Satz gilt nicht umgekehrt: nicht alle undeutliche Erkenntnis ist eine verworrene. – Die Undeutlichkeit rührt oft nicht her von Verwirrung, sondern von *Schwäche des Bewußtseins*. Es kann nämlich etwas deutlich sein der Form nach; d.h. ich kann mir des Mannigfaltigen in der Vorstellung bewußt sein; aber der *Materie* nach kann die Deutlichkeit abnehmen, wenn der *Grad* des Bewußtseins kleiner wird, obgleich alle Ordnung da ist. Dieses ist der Fall mit abstrakten Vorstellungen.

VI, 459

Bei den genannten Vollkommenheiten kommen immer zwei Stück vor, die in ihrer harmonischen Vereinigung die Vollkommenheit überhaupt ausmachen, nämlich: *Mannigfaltigkeit* und *Einheit*. Beim Verstande liegt die Einheit im Begriffe, bei den Sinnen in der Anschauung.

Bloße Mannigfaltigkeit ohne Einheit kann nicht befriedigen.

VI, 464

Eine Anschauung des Intellektuellen gibt es (für den Menschen) nicht, sondern nur eine *symbolische Erkenntnis*.

V, 41

Dadurch, daß man mehreres zusammenfaßt, bringt man ohne Mühe ein *Ganzes der Vorstellung* zustande, deshalb aber nicht schon die *Vorstellung eines Ganzen*.

V, 23

Der Erfahrungsgebrauch, auf welchen die Vernunft den reinen Verstand einschränkt, erfüllt nicht ihre eigene ganze Bestimmung. Jede einzelne Erfahrung ist nur ein Teil von der ganzen Sphäre des Gebietes, das *absolute Ganze aller möglichen Erfahrung* ist aber selbst keine Erfahrung und dennoch ein notwendiges Problem für die Vernunft, zu dessen Vorstellung sie ganz anderer Begriffe nötig hat als jener reinen Verstandesbegriffe. – Vernunftbegriffe gehen auf die Vollständigkeit, d. i. die kollektive Einheit der ganzen möglichen Erfahrung und dadurch über jede gegebene Erfahrung hinaus, und werden *transzendent*.

V, 198

Urteilskraft und Vorurteil

Das uns ungünstige Urteil anderer kann uns zwar mit Recht in Ansehung des unsrigen bedenklich machen, niemals aber von der Unrichtigkeit desselben überzeugen.

X, 214

Der Entstehungsgrund alles Irrtums wird einzig und allein in dem *unvermerkten Einflusse der Sinnlichkeit auf den Verstand*, oder, genauer zu reden, auf das *Urteil*, gesucht werden müssen. Dieser Einfluß nämlich macht, daß wir im Urteilen bloß *subjektive* Gründe für *objektive* halten und folglich den *bloßen Schein der Wahrheit* mit der *Wahrheit selbst* verwechseln. –

Die Natur hat uns zwar viele Kenntnisse versagt, sie läßt uns über so manches in einer unvermeidlichen Unwissenheit; aber den Irrtum verursacht sie doch nicht. Zu diesem verleitet uns unser eigener Hang zu urteilen und zu entscheiden, auch da, wo wir wegen unsrer Begrenztheit zu urteilen und zu entscheiden nicht vermögend sind.

VI, 480f./481

Interesse wird das Wohlgefallen genannt, das wir mit der Vorstellung der Existenz eines Gegenstandes verbinden. Ein solches hat daher immer zugleich Beziehung auf das Begehrungsvermögen. – Ein jeder muß gestehen, daß dasjenige Urteil über Schönheit, worin sich das mindeste Interesse mengt, sehr parteilich und kein reines Geschmacksurteil sei. Man muß nicht im mindesten für die

Existenz der Sache eingenommen, sondern in diesem Betracht ganz gleichgültig sein, um in Sachen des Geschmacks den Richter zu spielen.

X, 116/117

Irrtümer entspringen nicht allein daher, weil man gewisse Dinge nicht weiß, sondern weil man sich zu urteilen unternimmt, ob man gleich noch nicht alles weiß, was dazu erfordert wird. Eine große Menge Falschheiten, ja fast alle insgesamt, haben diesem letztern Vorwitz ihren Ursprung zu danken.

II, 763

Die Sinne betrügen nicht. Dieser Satz ist die Ablehnung des wichtigsten, aber auch, genau erwogen, nichtigsten Vorwurfs, den man den Sinnen macht; und dieses darum, nicht weil sie immer richtig urteilen, sondern weil sie gar nicht urteilen; weshalb der Irrtum immer nur dem Verstande zur Last fällt. Doch gereicht diesem der *Sinnenschein*, wenn gleich nicht zur Rechtfertigung, doch zur Entschuldigung.

XII, 435

Die Hauptquellen der Vorurteile sind: *Nachahmung*, *Gewohnheit* und *Neigung*; denn es ist ein starker Grund, das für wahr zu halten, was andre dafür ausgegeben haben. Daher das Vorurteil: Was alle Welt tut, ist Recht. – Was die Vorurteile betrifft, die aus der Gewohnheit entsprungen sind, so können sie nur durch die Länge der Zeit ausgerottet werden, indem der Verstand, durch Gegengründe nach und nach im Urteilen aufgehalten und verzögert, dadurch allmählich zu einer entgegengesetzten Denkart gebracht wird. Ist aber ein Vorurteil der Gewohnheit zugleich durch Nachahmung entstanden: so ist der Mensch, der es besitzt, davon schwerlich zu heilen. – Ein Vorurteil aus Nachahmung kann man auch den Hang zum passiven Gebrauch der Vernunft nennen. –

Aber die Trägheit sehr vieler Menschen macht, daß sie lieber in anderer Fußstapfen treten, als ihre eigenen Verstandeskräfte anstrengen. Dergleichen Menschen können immer nur Kopien von andern werden, und wären alle von der Art, so würde die Welt ewig auf einer und derselben Stelle bleiben. Es ist daher höchst nötig und wichtig: die Jugend nicht, wie es gewöhnlich geschieht, zum bloßen Nachahmen anzuhalten.

VI, 506f.

Jemandes Vorurteile begünstigen heißt eben so viel als jemanden in guter Absicht betrügen. – Man sucht das Stehenlassen der Vorurteile damit zu entschuldigen, daß aus ihrer Ausrottung Nachteile entstehen würden. Aber man lasse die Nachteile nur immer zu; in der Folge werden sie desto mehr Gutes bringen.

VI, 511

Warum sollte ich mir den Zwang antun – um dasjenige zu scheinen, was ich nicht denke, was aber die Welt gerne hätte, daß ich es dächte?

I, 21

Bei Erkenntnissen, die einer Erweiterung fähig sind, ist es sehr natürlich, daß wir in die neuen mehr Zutrauen setzen als in die alten. Aber dieses Urteil hat auch nur Grund als ein bloßes vorläufiges Urteil. Machen wir es zu einem bestimmenden: so wird es Vorurteil.

VI, 510 f.

Von den vorläufigen Urteilen müssen die *Vorurteile* unterschieden werden. Vorurteile sind vorläufige Urteile, insoferne sie als *Grundsätze* angenommen werden. – Ein jedes Vorurteil ist als ein Prinzip irriger Urteile anzusehen, und aus Vorurteilen entspringen nicht Vorurteile, sondern irrige Urteile.

VI, 505

Die vorläufigen Urteile sind sehr nötig, ja unentbehrlich für den Gebrauch des Verstandes bei allem Meditieren und Untersuchen. Denn sie dienen dazu, den Verstand bei seinen Nachforschungen zu leiten und ihm hierzu verschiedene Mittel an die Hand zu geben.

Wenn wir über einen Gegenstand meditieren, müssen wir immer schon vorläufig urteilen und die Erkenntnis gleichsam schon wittern, die uns durch die Meditation zu Teil werden wird.

VI, 505

Es ist angenehm, beliebt und aufmunternd, Ähnlichkeiten unter ungleichen Dingen aufzufinden und so, was der Witz tut, für den Verstand Stoff zu geben, um seine Begriffe allgemein zu machen. Urteilskraft dagegen, welche die Begriffe einschränkt und mehr zur Berichtigung als zur Erweiterung derselben beiträgt, wird zwar in allen Ehren genannt und empfohlen, ist aber ernsthaft, strenge und in Ansehung der Freiheit zu denken einschränkend, eben darum aber unbeliebt. Des vergleichenden Witzes Tun und Lassen ist mehr Spiel; das der Urteilskraft aber mehr Geschäfte. Jener ist eher eine Blüte der Jugend, diese mehr eine reife Frucht des Alters. Der im höheren Grade in einem Geistesprodukt beide verbindet, ist *sinnreich*.

Witz hascht nach *Einfällen*; Urteilskraft strebt nach *Einsichten*. Der Witz geht mehr nach der *Brühe*, die Urteilskraft nach der *Nahrung*.

XII, 539

Denken ist Vorstellungen in einem Bewußtsein vereinigen. – Die Vereinigung der Vorstellungen in einem Bewußtsein ist das Urteil. Also ist Denken so viel als Urteilen, oder Vorstellungen auf Urteile überhaupt beziehen.

V, 171

Ein richtiger Verstand, geübte Urteilskraft und gründliche Vernunft machen den ganzen Umfang des intellektuellen Erkenntnisvermögens aus; vornehmlich sofern dieses auch als Tüchtigkeit zu Beförderung des praktischen, d.i. zu Zwecken, beurteilt wird.

Ein richtiger Verstand ist der gesunde Verstand, so fern er *Angemessenheit* der Begriffe zum Zwecke ihres Gebrauchs enthält.

XII, 507

Der natürliche Verstand kann noch durch Belehrung mit vielen Begriffen bereichert und mit Regeln ausgestattet werden; aber das zweite intellektuelle Vermögen, nämlich das der Unterscheidung, ob etwas ein Fall der Regel sei oder nicht, die *Urteilskraft*, kann nicht belehrt, sondern nur geübt werden; daher ihr Wachstum Reife, und derjenige Verstand heißt, der nicht vor Jahren kommt. Es ist auch leicht einzusehen, daß dies nicht anders sein könne; denn Belehrung geschieht durch Mitteilung der Regeln.

XII, 508 f.

Die Folgen, die ein verkehrter Verstand aus untadelhaften Grundsätzen zieht, sind öfters sehr tadelhaft.

I, 233

Der Leichtgläubige, wenn er von abenteuerlichem Geschmack ist, wird abergläubisch.

II, 877

Auch in uns selbst kann die Ursache der Vorstellungen liegen, die wir äußeren Dingen, vielleicht fälschlich, zuschreiben.

III, 255

Der Unterschied einer undeutlichen von der deutlichen Vorstellung ist bloß logisch und betrifft nicht den Inhalt.

III, 88

Wenn wir alles das sogleich für falsch erklären wollen, wobei sich Schwierigkeiten finden: so ist es ein leichtes

Spiel, alles zu verwerfen. Zwar ist es gut, die Unmöglichkeit des Gegenteils zu zeigen; allein hierin liegt doch etwas Täuschendes, wofern man die *Unbegreiflichkeit* des Gegenteils für die *Unmöglichkeit* desselben hält.

VI, 562

Der Mensch im Zustande der Natur kann nur wenig Torheiten und schwerlich einiger Narrheit unterworfen sein. Seine Bedürfnisse halten ihn jederzeit nahe an der Erfahrung und geben seinem gesunden Verstande eine so leichte Beschäftigung, daß er kaum bemerkt, er habe zu seinen Handlungen Verstand nötig. Seinen groben und gemeinen Begierden gibt die Trägheit eine Mäßigung, welche der wenigen Urteilskraft, der er bedarf, Macht genug läßt, über sie, seinem größesten Vorteile gemäß, zu herrschen. Wo sollte er wohl zur Narrheit Stoff hernehmen, da er, um anderer Urteile unbekümmert, weder eitel noch aufgeblasen sein kann?

II, 898f.

Die Vernunft ist das Vermögen, von dem Allgemeinen das Besondere abzuleiten und dieses letztere also nach Prinzipien und als notwendig vorzustellen. Man kann sie also auch durch das Vermögen, nach Grundsätzen zu *urteilen* und (in praktischer Rücksicht) zu *handeln*, erklären. Zu jedem moralischen Urteile (mithin auch der Religion) bedarf der Mensch Vernunft und kann sich nicht auf Satzungen und eingeführte Gebräuche fußen.

XII, 509

Zu allen Zeiten ist es so gewesen und wird auch wohl künftighin so bleiben, daß gewisse widersinnige Dinge selbst bei Vernünftigen Eingang finden, bloß darum, weil allgemein davon gesprochen wird.

II, 969

Der bejahrte Murrkopf, welcher fest glaubt, daß in seiner Jugend die Welt viel ordentlicher und die Menschen besser gewesen wären, ist ein Phantast in Ansehung der Erinnerung.

II, 897

Bei den Phantasten oder Verrückten leidet der Verstand eigentlich nicht, sondern nur das Vermögen, welches in der Seele die Begriffe erweckt, deren die Urteilskraft nachher sich bedienet, um sie zu vergleichen. Diesen Kranken kann man sehr wohl Vernunfturteile entgegensetzen, wenngleich nicht ihr Übel zu heben, dennoch wenigstens zu mildern. Da aber bei den Wahnsinnigen und Wahnwitzigen der Verstand selbst angegriffen ist, so ist es nicht allein töricht, mit ihnen zu vernünfteln, sondern es ist auch höchst schädlich. Denn man gibt ihrem verkehrten Kopfe nur dadurch neuen Stoff, Ungereimtheiten auszuhecken: der Widerspruch bessert sie nicht, sondern erhitzt sie, und es ist durchaus nötig, in dem Umgange gegen sie ein kaltsinniges und gütiges Wesen anzunehmen, gleich als wenn man gar nicht bemerkte, daß ihrem Verstande etwas fehlt.

II, 900

Der Mangel an Urteilskraft ist eigentlich das, was man Dummheit nennt, und einem solchen Gebrechen ist gar nicht abzuhelfen. Ein stumpfer oder eingeschränkter Kopf, dem es an nichts als an gehörigem Grade des Verstandes und eigenen Begriffen desselben mangelt, ist durch Erlernung sehr wohl, sogar bis zur Gelehrsamkeit, auszurüsten. Da es aber gemeiniglich alsdenn auch an jenem zu fehlen pflegt, so ist es nichts Ungewöhnliches, sehr gelehrte Männer anzutreffen, die, im Gebrauche ihrer Wissenschaft, jenen nie zu bessernden Mangel häufig blicken lassen.

III, 185

In der Tat ist's eine große Gabe des Himmels, einen geraden (oder, wie man es neuerlich benannt hat, schlichten) Menschenverstand zu besitzen. Aber man muß ihn durch Taten beweisen, durch das Überlegte und Vernünftige, was man denkt und sagt, nicht aber dadurch, daß, wenn man nichts Kluges zu seiner Rechtfertigung vorzubringen weiß, man sich auf ihn als ein Orakel beruft.

V, 117

Meißel und Schlegel können ganz wohl dazu dienen, ein Stück Zimmerholz zu bearbeiten, aber zum Kupferstechen muß man die Radiernadel brauchen. So sind gesunder Verstand sowohl als spekulativer, beide, aber jeder in seiner Art, brauchbar: jener, wenn es auf Urteile ankommt, die in der Erfahrung ihre unmittelbare Anwendung finden, dieser aber, wo im allgemeinen, aus bloßen Begriffen geurteilt werden soll, z. B. in der Metaphysik, wo der sich selbst so nennende gesunde Verstand ganz und gar kein Urteil hat.

V, 118

Wir müssen gestehen, daß die menschliche Vernunft nicht allein Ideen, sondern auch Ideale enthalte – die *praktische* Kraft haben und der Möglichkeit der Vollkommenheit gewisser *Handlungen* zum Grunde liegen. Moralische Begriffe sind nicht gänzlich reine Vernunftbegriffe, weil ihnen etwas Empirisches (Lust oder Unlust) zum Grunde liegt. Gleichwohl können sie in Ansehung des Prinzips, wodurch die Vernunft der an sich gesetzlosen Freiheit Schranken setzt, gar wohl zum Beispiele reiner Vernunftbegriffe dienen. Tugend und, mit ihr, menschliche Weisheit in ihrer ganzen Reinigkeit sind Ideen. Aber der Weise ist ein Ideal, d. i. ein Mensch, der bloß in Gedanken existiert, der aber mit der Idee der Weisheit völlig kongruieret. So wie die Idee die Regel gibt, so dient das Ideal in solchem Falle zum *Urbilde* der durchgängigen Bestimmung des Nachbildes, und wir haben kein anderes Richtmaß unserer Handlungen als das Verhalten dieses göttlichen Menschen in uns, womit wir uns vergleichen, beurteilen und dadurch uns bessern, obgleich es niemals erreichen können. Diese Ideale, ob man ihnen gleich nicht objektive Realität (Existenz) zugestehen möchte, sind doch um deswillen nicht für Hirngespinste anzusehen, sondern geben ein unentbehrliches Richtmaß der Vernunft ab.

IV, 513 f.

Zur Erziehung des Menschen

Der Mensch ist durch seine Vernunft bestimmt, in einer Gesellschaft mit Menschen zu sein, und in ihr sich durch Kunst und Wissenschaft zu kultivieren, zu zivilisieren und zu moralisieren; wie groß auch sein tierischer Hang sein mag, sich den Anreizen der Gemächlichkeit und des Wohllebens, die er Glückseligkeit nennt, passiv zu überlassen. –

Der Mensch muß also zum Guten erzogen werden.

XII, 678

Die Erziehung ist eine Kunst, deren Ausübung durch viele Generationen vervollkommnet werden muß.

XII, 702

Selbstdenken heißt, den obersten Probierstein der Wahrheit in sich selbst (d. i. in seiner eigenen Vernunft) suchen; und die Maxime, jederzeit selbst zu denken, ist die *Aufklärung*. Dazu gehört nun eben so viel nicht, als sich diejenigen einbilden, welche die Aufklärung in Kenntnisse setzen; da öfter der, so an Kenntnissen überaus reich ist, im Gebrauch derselben am wenigsten aufgeklärt ist. Sich seiner *eigenen* Vernunft bedienen, will nichts weiter sagen, als bei allem dem, was man annehmen soll, sich selbst fragen: ob man es wohl tunlich finde, den Grund, warum man etwas annimmt, oder auch die Regel, die aus dem, was man annimmt, folgt, zum allgemeinen Grundsatze seines Vernunftgebrauchs zu machen? Diese Probe kann ein jeder mit sich selbst anstellen; und er wird Aberglauben und Schwärmerei bei dieser Prüfung alsbald verschwinden sehen, wenn er gleich bei weitem die Kenntnisse nicht hat, beide aus objektiven Gründen zu widerlegen. Denn er bedient sich bloß der Maxime der *Selbsterhaltung* der Vernunft. Aufklärung in *einzelnen Subjekten* durch Erziehung zu gründen, ist also gar leicht; man muß nur früh anfangen, die jungen Köpfe zu dieser Reflexion zu gewöhnen. Ein *Zeitalter* aber aufzuklären, ist sehr langwierig; denn es finden sich viel äußere Hindernisse, welche jene Erziehungsart teils verbieten, teils erschweren.

V, 238 Anm.

Der Mensch ist das einzige Geschöpf, das erzogen werden muß. Unter der Erziehung nämlich verstehen wir die Wartung, Disziplin und Unterweisung nebst der Bildung. Dem zufolge ist der Mensch Säugling, Zögling und Lehrling.

Die Tiere gebrauchen ihre Kräfte, sobald sie deren nur welche haben, regelmäßig, d.h. in der Art, daß sie ihnen selbst nicht schädlich werden. – Ein Tier ist schon alles durch seinen Instinkt; eine fremde Vernunft hat bereits für dasselbe besorgt. Der Mensch aber braucht eigene Vernunft.

XII, 697

Die Erziehung ist das größeste Problem und das schwerste, was dem Menschen kann aufgegeben werden. Denn Einsicht hängt von der Erziehung und Erziehung hängt wieder von der Einsicht ab.

XII, 702

Die wichtigste Revolution in dem Innern des Menschen ist: der Ausgang desselben aus seiner selbstverschuldeten Unmündigkeit. Statt dessen, daß bis dahin andere für ihn dachten und er bloß nachahmte, oder am Gängelbande sich leiten ließ, wagt er es jetzt, mit eigenen Füßen auf dem Boden der Erfahrung, wenn gleich noch wackelnd, fortzuschreiten.

XII, 549

Wenn erst nur die Eltern, oder andere, die ihre Mitgehilfen in der Erziehung sind, gut erzogen wären: so könnte der Aufwand der öffentlichen Institute wegfallen. –

Wie lange aber soll die Erziehung denn dauern? Bis zu der Zeit, da die Natur selbst den Menschen bestimmt hat, sich selbst zu führen; da der Instinkt zum Geschlechte sich bei ihm entwickelt; da er selbst Vater werden kann und selbst erziehen soll, ohngefahr bis zu dem sechzehnten Jahre. Nach dieser Zeit kann man wohl noch Hilfsmittel der Kultur gebrauchen und eine versteckte Disziplin ausüben, aber keine ordentliche Erziehung mehr.

XII, 710

Die Eltern reden gemeiniglich sehr viel von dem Brechen des Willens bei den Kindern. Man darf ihren Willen nicht brechen, wenn man ihn nicht erst verdorben hat.

XII, 719

Kinder können nie als Eigentum der Eltern angesehen werden.

VIII, 395

Das menschliche Gemüt nimmt ein natürliches Interesse an der Moralität, ob es gleich nicht ungeteilt und praktisch überwiegend ist. Befestigt und vergrößert dieses Interesse, und ihr werdet die Vernunft sehr gelehrig und selbst aufgeklärter finden, um mit dem praktischen auch das spekulative Interesse zu vereinigen. Sorget ihr aber nicht dafür, daß ihr vorher, wenigstens auf dem halben Wege, gute Menschen macht, so werdet ihr auch niemals aus ihnen aufrichtige Menschen machen!

IV, 694 Anm.

Kinder sollen nicht dem gegenwärtigen, sondern dem zukünftig möglichen bessern Zustande des menschlichen Geschlechts, das ist: der Idee der Menschheit und deren Bestimmung angemessen, erzogen werden. Dieses Prinzip ist von großer Wichtigkeit. Eltern erziehen gemeiniglich ihre Kinder nur so, daß sie in die gegenwärtige Welt, sei sie auch verderbt, passen. Sie sollten sie aber besser erziehen, damit ein zukünftiger besserer Zustand dadurch hervorgebracht werde. Es finden sich hier aber zwei Hindernissen:

1. Die Eltern nämlich sorgen gemeiniglich nur dafür, daß ihre Kinder gut in der Welt fortkommen, und 2. die Fürsten betrachten ihre Untertanen nur wie Instrumente zu ihren Absichten.

Eltern sorgen für das Haus, Fürsten für den Staat. Beide haben nicht das Weltbeste und die Vollkommenheit, dazu die Menschheit bestimmt ist, und wozu sie auch die Anlage hat, zum Endzwecke. Die Anlage zu einem Erziehungsplane muß aber kosmopolitisch gemacht werden.

Und ist dann das Weltbeste eine Idee, die uns in unserm Privatbesten kann schädlich sein? Niemals! Denn wenn es gleich scheint, daß man bei ihr etwas aufopfern müsse: so befördert man doch nichts desto weniger durch sie immer auch das Beste seines gegenwärtigen Zustandes. Und dann, welche herrliche Folgen begleiten sie! Gute Erziehung gerade ist das, woraus das Gute in der Welt entspringt.

XII, 704 f.

Wenn physische Strafen wiederholt werden, bilden sie einen Starrkopf, und strafen Eltern ihre Kinder des Eigensinnes wegen, so machen sie sie nur noch immer eigensinniger.

XII, 743

Die Maxime müssen aus dem Menschen selbst entstehen. Bei der moralischen Kultur soll man schon frühe den Kindern Begriffe beizubringen suchen von dem, was gut oder böse ist. Wenn man Moralität gründen will: so muß man nicht strafen. Moralität ist etwas so Heiliges und Erhabenes, daß man sie nicht so wegwerfen und mit Disziplin in einen Rang setzen darf. Die erste Bemühung bei der moralischen Erziehung ist, einen Charakter zu gründen. Der Charakter besteht in der Fertigkeit, nach Maximen zu handeln. Im Anfange sind es Schulmaxime und nachher Maxime der Menschheit. Im Anfange gehorcht das Kind Gesetzen. Maxime sind auch Gesetze, aber subjektive; sie entspringen aus dem eigenen Verstande des Menschen.

XII, 741

Was sich nicht ändern läßt, muß aus dem Sinn geschlagen werden: weil es Unsinn wäre, das Geschehene ungeschehen machen zu wollen. Sich selbst bessern geht wohl an und ist auch Pflicht; an dem aber, was schon außer meiner Gewalt ist, noch bessern zu wollen, ist ungereimt. Aber *etwas zu Herzen nehmen*, worunter jeder gute Rat, oder Lehre, verstanden wird, die man sich angelegen zu sein den festen Vorsatz faßt, ist eine überlegte Gedankenrichtung, seinen Willen mit genugsam starkem Gefühl zur Ausübung desselben zu verknüpfen. – Die Buße des Selbstpeinigers, statt der schnellen Verwendung seiner Gesinnung auf einen besseren Lebenswandel, ist rein verlorene Mühe und hat noch wohl die schlimme Folge, bloß dadurch (durch die Reue) sein Schuldregister für getilgt zu halten, und so sich die, vernünftigerweise jetzt noch zu verdoppelnde, Bestrebung zum Besseren zu ersparen.

XII, 559

Alle Unterweisung der Jugend hat dieses Beschwerliche an sich, daß man genötigt ist, mit der Einsicht den Jahren vorzueilen, und, ohne die Reife des Verstandes abzuwarten, solche Erkenntnisse erteilen soll, die nach der natürlichen Ordnung nur von einer geübteren und versuchten Vernunft könnten begriffen werden. Daher entspringen die ewigen Vorurteile der Schulen, welche hartnäckiger und öfters abgeschmackter sind als die gemeinen, und die frühkluge Geschwätzigkeit junger Denker, die blinder ist als irgend ein anderer Eigendünkel und unheilbarer als die Unwissenheit. Gleichwohl ist diese Beschwerlichkeit nicht gänzlich zu vermeiden, weil in dem Zeitalter einer sehr ausgeschmückten bürgerlichen Verfassung die feineren Einsichten zu den Mitteln des Fortkommens gehören und Bedürfnisse werden, die ihrer Natur nach eigentlich nur zur Zierde des Lebens und gleichsam zum Entbehrlichschönen desselben gezählet werden sollten. Indessen ist es möglich, den öffentlichen Unterricht auch in diesem Stücke nach der Natur mehr zu bequemen, wo nicht mit ihr gänzlich einstimmig zu machen. Denn da der natürliche Fortschritt der menschlichen Erkenntnis dieser ist, daß sich zuerst der Verstand ausbildet, indem er durch Erfahrung zu anschauenden Urteilen und durch diese zu Begriffen gelangt, daß darauf diese Begriffe in Verhältnis mit ihren Gründen und Folgen durch Vernunft und endlich in einem wohlgeordneten Ganzen vermittelst der Wissenschaft erkannt werden, so wird die Unterweisung eben denselben Weg zu nehmen haben.

Wenn man diese Methode umkehrt, so erschnappet der Schüler eine Art von Vernunft, ehe noch der Verstand an ihm ausgebildet wurde, und trägt erborgte Wissenschaft, die an ihm gleichsam nur geklebt und nicht gewachsen ist, wobei seine Gemütsfähigkeit noch so unfruchtbar wie jemals, aber zugleich durch den Wahn von Weisheit viel verderbter geworden ist. Dieses ist die Ursache, weswegen man nicht selten Gelehrte (eigentlich Studierte) antrifft, die wenig Verstand zeigen, und warum die Akademien mehr abgeschmackte Köpfe in die Welt schicken als irgend ein anderer Stand des gemeinen Wesens. –

[Der Schüler] soll nicht *Gedanken* sondern *denken* lernen; man soll ihn nicht *tragen* sondern *leiten*, wenn man will, daß er in Zukunft von selbst zu *gehen* geschickt sein soll.

II, 907 f.

Mit dem Dressieren ist es noch nicht ausgerichtet, sondern es kommt vorzüglich darauf an, daß Kinder *denken* lernen. Das geht auf die Prinzipien hinaus, aus denen alle Handlungen entspringen. Man sieht also, daß bei einer echten Erziehung sehr vieles zu tun ist.

XII, 707

Man muß das Gedächtnis nur mit solchen Dingen beschäftigen, an denen uns gelegen ist, daß wir sie behalten, und die auf das wirkliche Leben Beziehung haben. –

Z. E. ein Mensch, der viel Gedächtnis, aber keine Beurteilungskraft hat – ist dann ein lebendiges Lexikon. Auch solche Lastesel des Parnasses sind nötig, die, wenn sie gleich selbst nichts Gescheites leisten können, doch Materialien herbeischleppen, damit andere etwas Gutes daraus zu Stande bringen können.

XII, 732/731

Die Gemütskräfte werden am besten dadurch kultiviert, wenn man das alles selbst tut, was man leisten will. – Das Verstehen hat zum größesten Hilfsmittel das Hervorbringen. Man lernt am gründlichsten und behält das am besten, was man gleichsam aus sich selbst lernet.

XII, 736

Das Gedächtnis beruht auf der Aufmerksamkeit.

XII, 736

Der Verstand will belehrt, die Sinnlichkeit belebt sein; der erste begehrt Einsicht, die zweite Faßlichkeit. Sollen Erkenntnisse unterrichten: so müssen sie insoferne gründlich sein; sollen sie zugleich unterhalten, so müssen sie auch schön sein. Ist ein Vortrag schön, aber seicht, so kann er nur der Sinnlichkeit, aber nicht dem Verstande, ist er umgekehrt gründlich, aber trocken – nur dem Verstande, aber nicht auch der Sinnlichkeit gefallen.

Da es indessen das Bedürfnis der menschlichen Natur und der Zweck der Popularität der Erkenntnis erfordert, daß wir beide Vollkommenheiten mit einander zu vereinigen suchen: so müssen wir es uns auch angelegen sein lassen, denjenigen Erkenntnissen, die überhaupt einer ästhetischen Vollkommenheit fähig sind, dieselbe zu verschaffen und eine schulgerechte, logisch vollkommene Erkenntnis durch die ästhetische Form popular zu machen.

VI, 462

Bei der Arbeit ist die Beschäftigung nicht an sich selbst angenehm, sondern man unternimmt sie einer andern Absicht wegen. Die Beschäftigung bei dem Spiele dagegen ist an sich angenehm, ohne weiter irgend einen Zweck dabei zu beabsichtigen. –

Es ist von der größesten Wichtigkeit, daß Kinder arbeiten lernen. – Falsch ist die Vorstellung, daß, wenn Adam und Eva nur im Paradiese geblieben wären, sie da nichts würden getan haben, als zusammengesessen, arkadische Lieder gesungen und die Schönheit der Natur betrachtet haben. Die Langeweile würde sie gewiß eben so gut als andere Menschen in einer ähnlichen Lage gemartert haben.

XII, 730

Es ist äußerst schädlich, wenn man das Kind dazu gewöhnt, alles als Spiel zu betrachten. Es muß Zeit haben, sich zu erholen, aber es muß auch eine Zeit für dasselbe sein, in der es arbeitet. – Zwangsmäßig muß die Erziehung sein, aber sklavisch darf sie deshalb nicht sein.

XII, 731

Je mehr ein Mensch gefaulenzt hat, desto schwerer entschließt er sich dazu, zu arbeiten.

XII, 729 f.

Das Kind muß immer seine Freiheit fühlen, doch so, daß es nicht die Freiheit anderer hindere; es muß daher Widerstand finden. – Man gebe dem Kind, soviel ihm dienet, und nachher sage man ihm: du hast genug!

XII, 722

Was die freie Kultur der Gemütskräfte anbetrifft, so ist zu bemerken, daß sie immer fortgeht. – Die Hauptregel hiebei ist, daß keine Gemütskräfte einzeln für sich, sondern jede nur in Beziehung auf die anderen müssen kultiviert werden.

XII, 731

Der Mensch muß lernen, etwas zu entbehren, wenn es ihm abgeschlagen wird.

XII, 747

Der Freiheit Gesetze geben ist ganz etwas anderes, als die Natur bilden.

XII, 728

Alle Kultur fängt von dem Privatmanne an und breitet von daher sich aus.

XII, 706

Es ist für den spekulativen Kopf eine eben so wichtige, als für den Menschenfreund eine traurige Bemerkung, zu sehen, wie die Großen meistens nur immer für sich sorgen und nicht an dem wichtigen Experimente der Erziehung in der Art Teil nehmen, daß die Natur einen Schritt näher zur Vollkommenheit tue. –

Hinter der Edukation steckt das große Geheimnis der Vollkommenheit der menschlichen Natur.

XII, 700

Der Mensch kann nur Mensch werden durch Erziehung. – Wenn einmal ein Wesen höherer Art sich unserer Erziehung annähme, so würde man doch sehen, was aus dem Menschen werden könne.

XII, 609

Pflichten gegen sich selbst

Der erste Grundsatz der Pflicht gegen sich selbst liegt in dem Spruch: lebe der Natur gemäß, d.i. *erhalte* dich in der Vollkommenheit deiner Natur, der zweite in dem Satz: *mache dich vollkommner*, als die bloße Natur dich *schuf*.

VIII, 552

Ich bin überzeugt worden, daß die Regel: Tue das Vollkommenste, was durch dich möglich ist, der erste *formale Grund* aller Verbindlichkeit *zu handeln sei*, so wie der Satz: Unterlasse das, wodurch die durch dich größtmögliche Vollkommenheit verhindert wird.

II, 771

Es ist Pflicht des Menschen gegen sich selbst, ein der Welt nützliches Glied zu sein, weil dieses auch zum Wert der Menschheit in seiner eigenen Person gehört, die er also nicht abwürdigen soll.

VIII, 582

Der Mensch ist zwar unheilig genug, aber die Menschheit in seiner Person muß ihm heilig sein.

VII, 210

Sich selbst einen Zweck zu setzen, der zugleich Pflicht ist, ist kein Widerspruch; weil ich da mich selbst zwinge, welches mit der Freiheit gar wohl zusammen besteht.

VIII, 511

Die Laster, welche dieser Pflicht entgegen stehen, sind: die *Lüge*, der *Geiz* und die *falsche Demut* (Kriecherei). Diese nehmen sich Grundsätze, welche ihrem Charakter, als moralischer Wesen, d. i. der inneren Freiheit, der angebornen Würde des Menschen geradezu (schon der Form nach) widersprechen, welches so viel sagt: sie machen es sich zum Grundsatz, keinen Grundsatz, und so auch keinen Charakter, zu haben, d. i. sich wegzuwerfen und sich zum Gegenstande der Verachtung zu machen.

VIII, 552 f.

Die Pflichten gegen sich selbst bestehen nicht darin, daß man sich eine herrliche Kleidung anschaffe, prächtige Mahlzeiten halte usw., obgleich alles reinlich sein muß. Nicht darin, daß man seine Begierden und Neigungen zu befriedigen suche, denn man muß im Gegenteile sehr mäßig und enthaltsam sein, sondern, daß der Mensch in seinem Innern eine gewisse Würde habe, die ihn vor allen Geschöpfen adelt, und seine Pflicht ist es, diese Würde der Menschheit in seiner eignen Person nicht zu verleugnen.

Die Würde der Menschheit aber verleugnen wir, wenn wir z. E. uns dem Trunke ergeben, unnatürliche Sünden begehen, alle Arten von Unmäßigkeit ausüben u. s. w., welches alles den Menschen weit unter die Tiere erniedriget. Ferner, wenn ein Mensch sich kriechend gegen andere beträgt, immer Komplimente macht, um sich durch ein so unwürdiges Benehmen, wie er wähnt, einzuschmeicheln, so ist auch dieses wider die Würde der Menschheit.

XII, 749 f.

Wer sich aber zum Wurm macht, kann nachher nicht klagen, daß er mit Füßen getreten wird.

VIII, 572

Demut ist eigentlich nichts anders, als eine Vergleichung seines Wertes mit der moralischen Vollkommenheit. So lehrt z.E. die christliche Religion nicht sowohl die Demut, als sie vielmehr den Menschen demütig macht, weil er sich, ihr zufolge, mit dem höchsten Muster der Vollkommenheit vergleichen muß. Sehr verkehrt ist es, die Demut darein zu setzen, daß man sich geringer schätze als andre.

XII, 752

Ich stehe in der Einbildung, es sei zuweilen nicht unnütze, ein gewisses edles Vertrauen in seine eigene Kräfte zu setzen. Eine Zuversicht von der Art belebet alle unsere Bemühungen und erteilet ihnen einen gewissen Schwung, der der Untersuchung der Wahrheit sehr beförderlich ist.

I, 18f.

Sittliche Stärke wird die eigentliche, nämlich praktische *Weisheit* genannt: weil sie den *Endzweck* des Daseins der Menschen auf Erden zu dem ihrigen macht. – In ihrem Besitz ist der Mensch allein frei, gesund, reich, ein König usw. und kann, weder durch Zufall, noch Schicksal einbüßen, weil er sich selbst besitzt.

VIII, 537

Tugend muß für sich selbst, so wie sie ihr eigener Zweck ist, auch als ihr eigener Lohn betrachtet werden.

VIII, 538

Der Mensch *billigt* das Böse in sich nie und so gibt es eigentlich keine Bosheit aus Grundsätzen, sondern nur aus Verlassung derselben. Man tut also am besten, wenn man die Grundsätze, welche den Charakter betreffen, negativ vorträgt. Sie sind:

a. Nicht vorsätzlich unwahr zu reden; daher auch behutsam zu sprechen, damit man nicht den Schimpf des Widerrufens auf sich ziehe.

b. Nicht heucheln: vor den Augen gut gesinnt scheinen, hinter dem Rücken aber feindselig sein.

c. Sein Versprechen nicht brechen; wozu auch gehört: selbst das *Andenken* einer Freundschaft, die nun gebrochen ist, noch zu ehren, und die ehemalige Vertraulichkeit und Offenherzigkeit des anderen nicht nachher zu mißbrauchen.

d. Sich nicht mit schlechtdenkenden Menschen in einen Geschmacksumgang einzulassen.

e. Sich an die Nachrede aus dem seichten und boshaften Urteil anderer nicht zu kehren. –

Mit einem Worte: Wahrhaftigkeit im Inneren des Geständnisses vor sich selbst und zugleich im Betragen gegen jeden anderen, sich zur obersten Maxime gemacht, ist der einzige Beweis des Bewußtseins eines Menschen, daß er einen Charakter hat; und, da diesen zu haben, das Minimum ist, was man von einem vernünftigen Menschen fordern kann, zugleich aber auch das Maximum des inneren Werts (der Menschenwürde): so muß, ein Mann von Grundsätzen zu sein, der gemeinsten Menschenvernunft möglich und dadurch dem größten Talent, der Würde nach, überlegen sein.

XII, 636/637 f.

Gewissenlosigkeit ist nicht Mangel des Gewissens, sondern Hang, sich an dessen Urteil nicht zu kehren. Wenn aber jemand sich bewußt ist, nach Gewissen gehandelt zu haben, so kann von ihm, was Schuld oder Unschuld betrifft, nichts mehr verlangt werden. –

Die Pflicht ist hier nur, sein Gewissen zu kultivieren, die Aufmerksamkeit auf die Stimme des inneren Richters zu schärfen und alle Mittel anzuwenden, um ihm Gehör zu verschaffen.

VIII, 532

Aus unserer aufrichtigen und genauen Vergleichung mit dem moralischen Gesetz muß unvermeidlich wahre Demut folgen: aber daraus, daß wir einer solchen inneren Gesetzgebung fähig sind, daß der (physische) Mensch den (moralischen) Menschen in seiner eigenen Person zu verehren sich gedrungen fühlt, zugleich *Erhebung* und die höchste Selbstschätzung, als Gefühl seines inneren Werts, nach welchem er für keinen Preis feil ist und eine unverlierbare Würde besitzt, die ihm Achtung gegen sich selbst einflößt. –

Diese *Selbstschätzung* ist Pflicht des Menschen gegen sich selbst.

VIII, 570/659

Handle so, daß die Maxime deines Willens jederzeit zugleich als Prinzip einer allgemeinen Gesetzgebung gelten könne.

VII, 140

Tugend ist die moralische Stärke in Befolgung seiner Pflicht, die niemals zur Gewohnheit werden, sondern immer ganz neu und ursprünglich aus der Denkungsart hervorgehen soll.

XII, 437

In der Regel ist alle Angewohnheit verwerflich.

XII, 440

Einer, der durch eine Reihe von Übeln, die bis zur Hoffnungslosigkeit angewachsen ist, einen Überdruß am Leben empfindet, ist noch so weit im Besitze seiner Vernunft, daß er sich selbst fragen kann, ob es auch nicht etwa der Pflicht gegen sich selbst zuwider sei, sich das Leben zu nehmen. Nun versucht er: ob die Maxime seiner Handlung wohl ein allgemeines Naturgesetz werden könne. – Da sieht man aber bald, daß eine Natur, deren Gesetz es wäre, durch dieselbe Empfindung, deren Bestimmung es ist, zur Beförderung des Lebens anzutreiben, das Leben selbst zu zerstören, ihr selbst widersprechen und also nicht als Natur bestehen würde, mithin jene Maxime unmöglich als allgemeines Naturgesetz stattfinden könne und folglich dem obersten Prinzip aller Pflicht gänzlich widerstreite.

VII, 52

Alle Stärke wird nur durch Hindernisse erkannt, die sie überwältigen kann.

VIII, 525

Es kann und sollte Frömmigkeit in guter Laune geben; man kann und soll beschwerliche, aber notwendige, Arbeit in guter Laune verrichten; ja selbst sterben in guter Laune: denn alles dies verliert seinen Wert dadurch, daß es in übler Laune und mürrischer Stimmung begangen oder erlitten wird.

XII, 558

Recht und Gesetz
in Gemeinschaft und Staat

Der Inbegriff der Gesetze, die einer allgemeinen Bekanntmachung bedürfen, um einen rechtlichen Zustand hervorzubringen, ist das öffentliche Recht. – Die gesetzgebende Gewalt kann nur dem vereinigten Willen des Volkes zukommen. Denn, da von ihr alles Recht ausgehen soll, so muß sie durch ihr Gesetz schlechterdings niemand unrecht tun *können*.

VIII, 429/432

Alles, was Unrecht ist, ist ein Hindernis der Freiheit nach allgemeinen Gesetzen.

VIII, 338

Das Recht muß nie der Politik, wohl aber die Politik jederzeit dem Recht angepaßt werden.

VIII, 642

Der Sinnspruch des Notrechts heißt: »Not hat kein Gebot«; und gleichwohl kann es keine Not geben, welche, was unrecht ist, gesetzmäßig machte.

VIII, 343

Der Mensch als *Person* betrachtet ist über allen Preis erhaben – er besitzt eine *Würde* (einen absoluten innern Wert), wodurch er allen andern vernünftigen Weltwesen *Achtung* für ihn abnötigt, sich mit jedem anderen dieser Art messen und auf den Fuß der Gleichheit schätzen kann.

Die Menschheit in seiner Person ist das Objekt der Achtung, die er von jedem anderen Menschen fordern kann.

VIII, 569

Die Pflicht der Achtung meines Nächsten ist in der Maxime enthalten, keinen anderen Menschen bloß als Mittel zu meinen Zwecken abzuwürdigen (nicht zu verlangen, der andere solle sich selbst wegwerfen, um meinem Zwecke zu frönen).

VIII, 586

Werdet nicht der Menschen Knechte. Laßt euer Recht nicht ungeahndet von anderen mit Füßen treten. Macht keine Schulden, für die ihr nicht volle Sicherheit leistet. Nehmt nicht Wohltaten an, die ihr entbehren könnt, und seid nicht Schmarotzer, oder Schmeichler, oder gar (was freilich nur im Grad von dem Vorigen unterschieden ist) *Bettler*. Daher seid wirtschaftlich, damit ihr nicht bettelarm werdet.

VIII, 571

Was jemand der Substanz nach selbst *gemacht* hat, davon hat er ein unbestrittenes Eigentum.

VIII, 468

Das angeborne Mein und Dein kann auch das *innere* genannt werden; denn das äußere muß jederzeit erworben werden.

VIII, 345

Erarbeitetes Geld vergnügt, wenigstens *dauerhafter*, als im Glücksspiel gewonnenes, und wenn man auch über das Allgemeinschädliche der Lotterie wegsieht, so liegt doch im Gewinn durch dieselbe etwas, dessen sich ein wohldenkender Mensch schämen muß.

XII, 561

Geld ist eine Sache, deren *Gebrauch* nur dadurch möglich ist, daß man sie *veräußert*.

Der Nationalreichtum, insofern er vermittelst des Geldes erworben, ist eigentlich nur die Summe des Fleißes, mit dem Menschen sich untereinander lohnen und welcher durch das in dem Volk umlaufende Geld repräsentiert wird.

VIII, 400/401

Reine Vernunft ist für sich allein praktisch und gibt dem Menschen ein allgemeines Gesetz, welches wir das *Sittengesetz* nennen können.

VII, 142

Man kann wohl sagen, daß diejenige äußere Gewalt, welche die Freiheit, seine Gedanken öffentlich *mitzuteilen*, den Menschen entreißt, ihnen auch die Freiheit zu *denken* nehme: das einzige Kleinod, das uns bei allen bürgerlichen Lasten noch übrig bleibt und wodurch allein wider alle Übel dieses Zustandes noch Rat geschafft werden kann.

V, 280

Recht ist der Inbegriff der Bedingungen, unter denen die Willkür des einen mit der Willkür des andern nach einem allgemeinen Gesetze der Freiheit zusammen vereinigt werden kann. –

Wenn also meine Handlung, oder überhaupt mein Zustand, mit der Freiheit von jedermann nach einem allgemeinen Gesetze zusammen bestehen kann, so tut der mir Unrecht, der mich daran hindert; denn dieses Hindernis (dieser Widerstand) kann mit der Freiheit nach allgemeinen Gesetzen nicht bestehen.

VIII, 337

Zur Freiheit gehört auch die, seine Gedanken, seine Zweifel, die man sich nicht selbst auflösen kann, öffentlich zur Beurteilung auszustellen, ohne darüber für einen unruhigen und gefährlichen Bürger verschrien zu werden. Dies liegt schon in dem ursprünglichen Rechte der menschlichen Vernunft, welche keinen anderen Richter erkennt, als selbst wiederum die allgemeine Menschenvernunft, worin ein jeder seine Stimme hat; und da von dieser alle Besserung, deren unser Zustand fähig ist, herkommen muß, so ist ein solches Recht heilig und darf nicht geschmälert werden. Auch ist es sehr unweise, gewisse gewagte Behauptungen oder vermessene Angriffe auf die, welche schon die Beistimmung des größten und besten Teils des gemeinen Wesens auf ihrer Seite haben, für gefährlich auszuschreien: denn das heißt, ihnen eine Wichtigkeit geben, die sie gar nicht haben sollten.

IV, 640

Laßt die Leute nur machen; wenn sie Talent, wenn sie tiefe und neue Nachforschung, mit einem Worte, wenn sie nur Vernunft zeigen, so gewinnt jederzeit die Vernunft. Wenn ihr andere Mittel ergreift als die einer zwanglosen Vernunft, wenn ihr über Hochverrat schreiet, das gemeine Wesen, das sich auf so subtile Bearbeitungen gar nicht versteht, gleichsam als zum Feuerlöschen zusammen ruft, so macht ihr euch lächerlich. – Denn es ist sehr was Ungereimtes, von der Vernunft Aufklärung zu erwarten, und ihr doch vorher vorzuschreiben, auf welche Seite sie notwendig ausfallen müsse.

IV, 636f.

Ein jeder Vernunftschluß ist eine Form der Ableitung einer Erkenntnis aus einem Prinzip. – Alle allgemeinen Sätze überhaupt können komparative Prinzipien heißen.

Es ist ein alter Wunsch, der, wer weiß wie spät, vielleicht einmal in Erfüllung gehen wird: daß man doch einmal, statt der endlosen Mannigfaltigkeit bürgerlicher Gesetze, ihre Prinzipien aufsuchen möge; denn darin kann allein das Geheimnis bestehen, die Gesetzgebung, wie man sagt, zu simplifizieren.

III, 313

Freunde des Menschengeschlechts und dessen, was ihm am heiligsten ist! Nehmt an, was euch nach sorgfältiger und aufrichtiger Prüfung am glaubwürdigsten scheint, es mögen nun Facta, es mögen Vernunftgründe sein; nur streitet der Vernunft nicht das, was sie zum höchsten Gut auf Erden macht, nämlich das Vorrecht ab, der letzte Prüfstein der Wahrheit zu sein. Widrigenfalls werdet ihr, dieser Freiheit unwürdig, sie auch sicherlich einbüßen und dieses Unglück noch dazu dem übrigen schuldlosen Teile über den Hals ziehen, der sonst wohl gesinnt gewesen wäre, sich seiner Freiheit *gesetzmäßig* und dadurch auch zweckmäßig zum Weltbesten zu bedienen!

V, 282f.

Wenn die Vernunft nicht dem Gesetze unterworfen sein will, das sie sich selbst gibt, muß sie sich unter das Joch der Gesetze beugen, die ihr ein anderer gibt; denn ohne irgend ein Gesetz kann gar nichts, selbst nicht der größte Unsinn, sein Spiel lange treiben.

V, 281

Pflicht ist die Notwendigkeit einer Handlung aus Achtung fürs Gesetz.

VII, 26

Freiheit und unbedingtes praktisches Gesetz weisen wechselweise auf einander zurück.

VII, 139

Die bloße Idee einer Staatsverfassung unter *Menschen* führt schon den Begriff einer Strafgerechtigkeit bei sich, welcher der obersten Gewalt zusteht. Es fragt sich nur, ob die Strafarten dem Gesetzgeber gleichgültig sind, wenn sie nur als Mittel dazu taugen, das Verbrechen zu entfernen, oder ob auch noch auf Achtung für die Menschheit, in der Person des Missetäters, Rücksicht genommen werden müsse. – Nur dann kann der Verbrecher nicht klagen, daß ihm unrecht geschehe, wenn er seine Übeltat sich selbst über den Hals zieht, und ihm, wenngleich nicht dem Buchstaben, doch dem Geiste des Strafgesetzes gemäß, das widerfährt, was er an anderen verbrochen hat.

VIII, 487/488

Das Strafgesetz ist ein kategorischer Imperativ, und wehe dem! welcher die Schlangenwindungen der Glückseligkeitslehre durchkriecht, um etwas aufzufinden, was durch den Vorteil, den es verspricht, ihn von der Strafe oder auch nur einem Grade derselben entbinde – denn, wenn die Gerechtigkeit untergeht, so hat es keinen Wert mehr, daß Menschen auf Erden leben.

VIII, 453

Die Heiligkeit des Willens ist eine praktische Idee, welche notwendig zum *Urbilde* dienen muß, welchem sich ins Unendliche zu nähern das einzige ist, das allen endlichen vernünftigen Wesen zusteht, und welche das reine Sittengesetz, das darum selbst heilig heißt, ihnen beständig und richtig vor Augen hält.

VII, 143

Der Wille wird als ein Vermögen gedacht, der *Vorstellung gewisser Gesetze gemäß* sich selbst zum Handeln zu bestimmen. Und ein solches Vermögen kann nur in vernünftigen Wesen anzutreffen sein.

VII, 59

Das Gesetz in uns heißt Gewissen.

XII, 756

Gerechtigkeit hört auf, eine zu sein, wenn sie sich für irgend einen Preis weggibt.

VIII, 453

Daß auf die Regierungsart alles ankomme, welchen Charakter ein Volk haben werde, ist eine ungegründete, nichts erklärende Behauptung; denn woher hat denn die Regierung selbst ihren eigentümlichen Charakter?

XII, 661

Was für unverschuldetes Übel du einem anderen im Volk zufügst, das tust du dir selbst an. Beschimpfst du ihn, so beschimpfst du dich selbst; bestiehlst du ihn, so bestiehlst du dich selbst; schlägst du ihn, so schlägst du dich selbst; tötest du ihn, so tötest du dich selbst.

VIII, 453 f.

Welches Recht hat der Staat gegen seine eigenen Untertanen, sie zum Kriege gegen andere Staaten zu brauchen, ihre Güter, ja ihr Leben dabei aufzuwenden, oder aufs Spiel zu setzen: so, daß es nicht von diesem ihrem eigenen Urteil abhängt, ob sie in den Krieg ziehen wollen oder nicht, sondern der Oberbefehl des Souveräns sie hineinschicken darf?

VIII, 467 f.

Verteidigungsmittel aller Art sind dem bekriegten Staat erlaubt, nur nicht solche, deren Gebrauch die Untertanen desselben, Staatsbürger zu sein, unfähig machen würde – mit einem Wort, sich solcher heimtückischen Mittel zu bedienen, die das Vertrauen, welches zur künftigen Gründung eines dauerhaften Friedens erforderlich ist, vernichten würden.

VIII, 471

Der *ewige Friede* (das letzte Ziel des ganzen Völkerrechts) ist freilich eine unausführbare Idee. Die politischen Grundsätze aber, die darauf abzwecken, nämlich solche Verbindungen der Staaten einzugehen, als zur kontinuierlichen *Annäherung* zu demselben dienen, sind es nicht.

VIII, 474

Also ist nicht mehr die Frage: ob der ewige Friede ein Ding oder Unding sei, und ob wir uns nicht in unserem theoretischen Urteile betrügen, wenn wir das erstere annehmen, sondern wir müssen so handeln, als ob das Ding sei, was vielleicht nicht ist, auf Begründung desselben und diejenige Konstitution, die uns dazu die tauglichste scheint (vielleicht den Republikanism aller Staaten samt und sonders), hinwirken, um ihn herbei zu führen und dem heillosen Kriegführen, worauf, als den Hauptzweck, bisher alle Staaten, ohne Ausnahme, ihre inneren Anstalten gerichtet haben, ein Ende zu machen. Und, wenn das letztere, was die Vollendung dieser Absicht betrifft, auch immer ein frommer Wunsch bliebe, so betrügen wir uns doch gewiß nicht mit der Annahme der Maxime, dahin unablässig zu wirken; denn diese ist Pflicht; das moralische Gesetz aber in uns selbst für betrüglich anzusehen, würde den Abscheu erregenden Wunsch hervorbringen, lieber aller Vernunft zu entbehren, und sich, seinen Grundsätzen nach, mit den übrigen Tierklassen in einen gleichen Mechanism der Natur geworfen zu sehen.

Man kann sagen, daß diese allgemeine und fortdauernde Friedensstiftung nicht bloß ein Teil, sondern den ganzen Endzweck der Rechtslehre innerhalb der Grenzen der bloßen Vernunft ausmache.

VIII, 478 f.

Umgang mit anderen: Von gesunder und kranker Lebensart, Affekten, Verhaltensweisen und Charaktereigenschaften

Da die Kenntnis des Menschen durch innere Erfahrung, weil er darnach großenteils auch andere beurteilt, von großer Wichtigkeit, aber doch zugleich von vielleicht größerer Schwierigkeit ist, als die richtige Beurteilung anderer, so ist es ratsam und sogar notwendig, von beobachteten *Erscheinungen* in sich selbst anzufangen, und dann allererst zu Behauptung gewisser Sätze, die die Natur des Menschen angehen, d.i. zur *inneren Erfahrung*, fortzuschreiten.

XII, 431

Daß wir dem, welchem wir uns anvertrauen sollen, er mag uns auch noch so gut empfohlen sein, vorher ins Gesicht, vornehmlich in die Augen, sehen, um zu erforschen, wessen wir uns gegen ihn zu versehen haben, ist ein Naturantrieb, und das Abstoßende oder Anziehende in seiner Gebärdung entscheidet über unsere Wahl, oder macht uns auch bedenklich, ehe wir noch seine Sitten erkundigt haben, und so ist nicht zu streiten, daß es eine physiognomische Charakteristik gebe, die aber nie eine Wissenschaft werden kann.

XII, 639

Es ist schwer, den Eindruck eines Affekts durch keine Miene zu verraten; er verrät sich durch peinliche Zurückhaltung in der Gebärde, oder im Ton, von selbst, und wer zu schwach ist, seine Affekte zu beherrschen, bei dem wird auch das Mienenspiel das Innere bloßstellen, was er gern verbergen und den Augen anderer entziehen möchte. Aber die, welche in dieser Kunst Meister sind, werden, wenn man sie doch errät, nicht eben für die besten Menschen, mit denen man im Vertrauen handeln kann, gehalten; vornehmlich, wenn sie Mienen zu künsteln geübt sind, die dem, was sie tun, widersprechen.

XII, 644 f.

Da die moralische Sympathie noch nicht genug ist, die träge menschliche Natur zu gemeinnützigen Handlungen anzutreiben, so hat die Vorsehung in uns noch ein gewisses Gefühl gelegt, welches fein ist und uns in Bewegung setzen oder auch dem gröberen Eigennutze und der gemeinen Wollust das Gleichgewichte leisten kann. Dieses ist das Gefühl für Ehre und dessen Folge die Scham. Die Meinung, die andere von unserm Werte haben mögen und ihr Urteil von unsern Handlungen ist ein Bewegungsgrund von großem Gewichte, der uns manche Aufopferung ablockt, und was ein guter Teil der Menschen weder aus einer unmittelbar aufsteigenden Regung der Gutherzigkeit, noch aus Grundsätzen würde getan haben, geschiehet oft genug bloß um des äußeren Scheines willen, aus einem Wahne, der sehr nützlich, obzwar an sich sehr seicht ist, als wenn das Urteil anderer den Wert von uns und unsern Handlungen bestimmete.

II, 838

Herzhaftigkeit ist bloß Temperamentseigenschaft. Der Mut dagegen beruht auf Grundsätzen und ist eine Tugend.

XII, 587

Wenn eine Uhr ein gefälliges Gehäuse hat, so kann man daraus nicht mit Sicherheit urteilen, daß auch das Innere gut sei; ist das Gehäuse aber schlecht gearbeitet, so kann man mit ziemlicher Gewißheit schließen, daß auch das Innere nicht viel tauge; denn der Künstler wird doch ein fleißig und gut gearbeitetes Werk dadurch nicht in Mißkredit bringen, daß er das Äußere desselben, welches die wenigste Arbeit kostet, vernachlässigt. Aber nach der Analogie eines menschlichen Künstlers mit dem unerforschlichen Schöpfer der Natur wäre es ungereimt, auch hier zu schließen: daß er etwa einer guten Seele auch einen schönen Leib werde beigegeben haben, um den Menschen, den er schuf, bei andern Menschen zu empfehlen und in Aufnahme zu bringen, oder auch, umgekehrt, einen von dem andern abgeschreckt haben werde. Denn der *Geschmack*, der einen bloß subjektiven Grund des Wohlgefallens oder Mißfallens eines Menschen an dem andern (nach ihrer Schönheit oder Häßlichkeit) enthält, kann der *Weisheit* nicht zur Richtschnur dienen, um diese zwei heterogenen Dinge, als in einem und demselben Zweck vereinigt, im Menschen anzunehmen.

XII, 638 f.

Einstmals fragte mich ein sehr vernünftiger, rechtschaffener Kaufmann, warum der Hochmütige jederzeit auch niederträchtig sei. – Meine Meinung war diese: daß, da der Hochmut das Ansinnen an einen anderen ist, sich selbst in Vergleichung mit jenem zu *verachten*, ein solcher Gedanke aber niemand in den Sinn kommen kann als nur dem, welcher sich selbst zur Niederträchtigkeit bereit fühlt, der Hochmut an sich schon von der Niederträchtigkeit solcher Menschen ein nie trügendes vorbedeutendes Kennzeichen abgebe.

XII, 609 f.

Ich kann mich auf keinerlei Weise überreden: daß die Störung des Gemüts, wie man gemeiniglich glaubt, aus Hochmut, Liebe, aus gar zu starkem Nachsinnen und wer weiß was für einen Mißbrauch der Seelenkräfte entspringen solle. Dieses Urteil, welches dem Kranken aus seinem Unglücke einen Grund zu spöttischen Vorwürfen macht, ist sehr lieblos und wird durch einen gemeinen Irrtum veranlasset, nach welchem man Ursache und Wirkung zu verwechseln pflegt. – Man sollte vielmehr sagen, der Mensch sei hochmütig geworden, weil er schon in einigem Grad gestört war, als, er sei gestört worden, weil er so hochmütig gewesen ist.

II, 900/901

Hochmut ist Narrheit, denn erstlich ist es töricht, anderen zuzumuten, daß sie sich selbst in Vergleichung mit mir gering schätzen sollen, und so werden mir immer *Querstreiche* zur Folge. Aber in dieser Zumutung steckt auch Beleidigung, und diese bewirkt verdienten Haß.

XII, 524 f.

Jeder Haß eines Beleidigten ist Schmerz.

XII, 560

Die Denkungsart der Vereinigung des Wohllebens mit der Tugend im *Umgange* ist die *Humanität*. Es kommt hier nicht auf den Grad des ersteren an; denn da fordert einer viel, der andere wenig, was ihm dazu erforderlich zu sein dünkt; sondern auf die Art des Verhältnisses, wie die Neigung zum ersteren durch das Gesetz der letzteren eingeschränkt werden soll.

Die Umgänglichkeit ist auch eine Tugend, aber die *Umgangsneigung* wird oft zur Leidenschaft. Wenn aber gar der gesellschaftliche Genuß prahlerisch, durch Verschwendung erhöhet wird, so hört diese falsche Umgänglichkeit auf, Tugend zu sein, und ist ein Wohlleben, was der Humanität Abbruch tut.

XII, 616

Achtung ist ein *Tribut*, den wir dem Verdienste nicht verweigern können, wir mögen wollen oder nicht; wir mögen allenfalls äußerlich damit zurückhalten, so können wir doch nicht verhüten, sie innerlich zu empfinden.

VII, 198

So unbedeutend die Gesetze der verfeinerten Menschheit auch scheinen mögen, vornehmlich wenn man sie mit den reinmoralischen vergleicht, so ist doch alles, was Geselligkeit befördert, wenn es auch nur in gefallenden Maximen und Manieren bestände, ein die Tugend vorteilhaft kleidendes Gewand, welches der letzteren auch in ernsthafter Rücksicht zu empfehlen ist. – Der Purismus des Zynikers und die Fleischestötung des Anachoreten, ohne gesellschaftliches Wohlleben, sind verzerrte Gestalten der Tugend und für diese nicht einladend; sondern von den Grazien verlassen, können sie auf Humanität nicht Anspruch machen.

XII, 622

Verstand ist erhaben, Witz ist schön. Kühnheit ist erhaben und groß, List ist klein aber schön. – Erhabene Eigenschaften flößen Hochachtung, schöne aber Liebe ein. –

Diejenigen, welche beiderlei Gefühl in sich vereinbaren, werden finden: daß die Rührung von dem Erhabenen mächtiger ist als die von dem Schönen, nur daß sie ohne Abwechselung oder Begleitung der letzteren ermüdet und nicht so lange genossen werden kann. Die hohen Empfindungen, zu denen die Unterredung in einer Gesellschaft von guter Wahl sich bisweilen erhebt, müssen sich dazwischen in heiteren Scherz auflösen, und die lachenden Freunde sollen mit der gerührten ernsthaften Miene den schönen Kontrast machen, welcher beide Arten von Empfindungen ungezwungen abwechseln läßt.

VII, 829 f.

Es ist keine Lage, wo Sinnlichkeit und Verstand in einem Genusse vereinigt so lange fortgesetzt und so oft mit Wohlgefallen wiederholt werden können, als eine gute Mahlzeit in guter Gesellschaft.

XII, 567 f.

Allein zu essen ist für einen *philosophierenden* Gelehrten ungesund. – Der *genießende* Mensch, der im Denken während der einsamen Mahlzeit an sich selbst zehrt, verliert allmählich die Munterkeit, die er dagegen gewinnt, wenn ein Tischgenosse ihm durch seine abwechselnden Einfälle neuen Stoff zur Belebung darbietet.

XII, 619/620

Üppigkeit ist ein *entbehrlicher Aufwand*, der *arm* macht, Schwelgerei aber ein solcher, der *krank* macht. Die erste ist doch noch mit der fortschreitenden Kultur des Volks (in Kunst und Wissenschaft) vereinbar: die zweite aber überfüllt mit Genuß und bewirkt endlich Ekel –

Gute Lebensart ist die Angemessenheit des Wohllebens zur Geselligkeit. – Luxus tut der guten Lebensart Abbruch.

XII, 578

Affekten und Leidenschaften unterworfen zu sein, ist wohl immer *Krankheit* des Gemüts; weil beides die Herrschaft der Vernunft ausschließt. – Der Affekt wirkt wie ein Wasser, was den Damm durchbricht; die Leidenschaft wie ein Strom, der sich in seinem Bette immer tiefer eingräbt. Der Affekt wirkt auf die Gesundheit wie ein Schlagfluß; die Leidenschaft wie eine Schwindsucht oder Abzehrung.

XII, 580/581

Affekt für sich allein betrachtet ist jederzeit unklug; er macht sich selbst unfähig, seinen eigenen Zweck zu verfolgen. –

Es ist nicht die Stärke eines gewissen Gefühls, welche den Zustand des Affekts ausmacht, sondern der Mangel an Überlegung, dieses Gefühl mit der Summe aller Gefühle (der Lust oder Unlust) in seinem Zustande zu vergleichen.

XII, 583

Ein Verzagter ist allemal ein strenger Herr über den Schwächeren, so wie auch derjenige Mann jederzeit der Tyrann in der Küche ist, welcher außer seinem Hause sich kaum erkühnet, jemandem unter die Augen zu treten.

II, 882

Von jemand, der die Ausübung seiner Vorsätze immer verschiebt, ist nicht viel zu halten.

XII, 749

Der Tor setzt einen größern Wert in *Dinge*, der Narr in *sich selbst*, als er vernünftigerweise tun sollte.

XII, 525

Wenn man seinen Schmerz mit andern möglichen an seiner eigenen Person vergleicht, wird er dadurch doch erträglicher. Dem, welcher ein Bein gebrochen hat, kann man dadurch sein Unglück doch erträglicher machen, wenn man ihm zeigt, daß es leicht hätte das Genick treffen können.

XII, 562

Spricht man seinem Gegner in einem gewissen Urteile allen Verstand ab, wie will man ihn dann darüber verständigen, daß er geirrt hat? Eben so ist es auch mit dem Vorwurf des Lasters bewandt, welcher nie zur völligen Verachtung und Absprechung alles moralischen Werts des Lasterhaften ausschlagen muß: weil er nach dieser Hypothese auch nie gebessert werden könnte; welches mit der Idee eines *Menschen*, der als solcher (als moralisches Wesen) nie alle Anlage zum Guten einbüßen kann, unvereinbar ist.

VIII, 602

Es ist wahr und klug, daß ich dem, der mich einmal betrogen hat, niemals mehr traue; denn er ist in seinen Grundsätzen verdorben. Aber darum, weil mich *einer* betrogen hat, keinem *anderen* Menschen zu trauen, ist Misanthropie. Der Betrüger ist eigentlich der Narr.

XII, 517

Ein ernstlich Verliebter ist in Gegenwart seiner Geliebten verlegen, ungeschickt und wenig einnehmend. Einer aber, der bloß den *Verliebten macht* und sonst Talent hat, kann seine Rolle so natürlich spielen, daß er die arme Betrogene ganz in seine Schlingen bringt; gerade darum, weil sein Herz unbefangen, sein Kopf klar und er als im ganzen Besitz des freien Gebrauchs seiner Geschicklichkeit und Kräfte ist, den Schein des Liebenden sehr natürlich nachzumachen.

XII, 597f.

Arglist, der Kopf zur Intrige, wird oft für großen, obwohl mißbrauchten Verstand gehalten; aber er ist gerade nur die Denkungsart sehr eingeschränkter Menschen, und von der Klugheit, deren Schein sie an sich hat, sehr unterschieden. Man kann nur einmal den Treuherzigen hintergehen; was dann der eigenen Absicht des Listigen in der Folge sehr nachteilig wird.

XII, 507 f.

Leidenschaften sind Krebsschäden für die reine praktische Vernunft und mehrenteils unheilbar; weil der Kranke nicht will geheilt sein und sich der Herrschaft des Grundsatzes entzieht, durch den dieses allein geschehen könnte.

XII, 600

Wer liebt, kann dabei doch wohl noch sehend bleiben; der sich aber *verliebt*, wird gegen die Fehler des geliebten Gegenstandes unvermeidlich blind.

XII, 582

Freundschaft hat hauptsächlich den Zug des Erhabenen, Geschlechterliebe aber des Schönen an sich. Doch geben Zärtlichkeit und tiefe Hochachtung der letzteren eine gewisse Würde und Erhabenheit, dagegen gaukelhafter Scherz und Vertraulichkeit das Kolorit des Schönen in dieser Empfindung erhöhen.

II, 830

Freundschaft (in ihrer Vollkommenheit betrachtet) ist die Vereinigung zweier Personen durch gleiche wechselseitige Liebe und Achtung. – Moralisch erwogen ist es freilich Pflicht, daß ein Freund dem anderen seine Fehler bemerklich mache; denn das geschieht ja zu seinem Besten und ist also Liebespflicht.

VII, 608/609 f.

Verstimmung des Gemüts kann nicht füglich durch vernünftige Vorstellungen (denn was vermögen die wider vermeinte Anschauungen?) gehoben werden. Der Hang, in sich selbst gekehrt zu sein, kann, samt den daher kommenden Täuschungen des inneren Sinnes, nur dadurch in Ordnung gebracht werden, daß der Mensch in die äußere Welt, und hiemit in die Ordnung der Dinge, die den äußeren Sinnen vorliegen, zurückgeführt wird.

XII, 457 f.

Wir spielen oft und gern mit der Einbildungskraft; aber die Einbildungskraft (als Phantasie) spielt eben so oft und bisweilen sehr ungelegen auch mit uns.

Das Spiel der Phantasie mit dem Menschen im Schlafe ist der Traum. – Das Träumen ist eine weise Veranstaltung der Natur zur Erregung der Lebenskraft durch Affekte. – Nur muß man die Traumgeschichten nicht für Offenbarungen aus einer unsichtbaren Welt annehmen.

XII, 467 f.

Die Natur scheint es so eingerichtet zu haben, daß bei weitem die mehresten Träume Beschwerlichkeiten und gefahrvolle Umstände enthalten; weil dergleichen Vorstellungen die Kräfte der Seele mehr aufreizen, als wenn alles nach Wunsch und Willen geht.

XII, 496

Die Neigungen des Wahnes sind, gerade darum, weil die Phantasie dabei Selbstschöpferin ist, dazu geeignet, um im höchsten Grade *leidenschaftlich* zu werden, vornehmlich wenn sie auf einen *Wettstreit* der Menschen angelegt sind.

XII, 612

Es ist eine von den Gemütsschwächen, durch die reproduktive Einbildungskraft an eine Vorstellung, auf welche dann große oder anhaltende Aufmerksamkeit verwandt wird, geheftet zu sein, und von ihr nicht abkommen, d. i. den Lauf der Einbildungskraft wieder frei machen zu können. – Aber *sich zu zerstreuen* – dies ist ein notwendiges, zum Teil auch künstliches Verfahren der Vorsorge für die Gesundheit seines Gemüts. Ein anhaltendes Nachdenken über ein und denselben Gegenstand läßt gleichsam einen Nachklang zurück – der, sage ich, den Kopf belästigt und nur durch Zerstreuung und Verwendung der Aufmerksamkeit auf andere Gegenstände, z. B. Lesung der Zeitungen, gehoben werden kann. Das sich *Wiedersammeln*, um zu jeder neuen Beschäftigung bereit zu sein, ist eine die Gesundheit des Gemüts befördernde Herstellung des Gleichgewichts seiner Seelenkräfte. – Es gibt eine zur Diätetik des Gemüts gehörige Kunst für Beschäftigte, sich zu zerstreuen, um Kräfte zu sammeln.

XII, 520/521

Kunst und Künstler

Schöne Kunst und Wissenschaften, die durch eine Lust, die sich allgemein mitteilen läßt, und durch Geschliffenheit und Verfeinerung für die Gesellschaft, wenngleich den Menschen nicht sittlich besser, doch gesittet machen, gewinnen der Tyrannei des Sinnenhanges sehr viel ab, und bereiten dadurch den Menschen zu einer Herrschaft vor, in welcher die Vernunft allein Gewalt haben soll: indes die Übel, womit uns teils die Natur, teils die unvertragsame Selbstsucht der Menschen heimsucht, zugleich die Kräfte der Seele aufbieten, steigern und stählen, um jenen nicht zu unterliegen, und uns so eine Tauglichkeit zu höheren Zwecken, die in uns verborgen liegt, fühlen lassen.

X, 392f.

In der größten möglichen Vereinbarung der logischen mit der ästhetischen Vollkommenheit überhaupt in Rücksicht auf solche Kenntnisse, die beides, zugleich unterrichten und unterhalten sollen, zeigt sich auch wirklich der Charakter und die Kunst des Genies.

VI, 464

Genie ist das Talent, welches der Kunst die Regel gibt.

X, 241

Es gehört zur Kunst, das Gewöhnliche von einer Seite, da es auffallend wird, vorzustellen.

XII, 585

Darin ist jedermann einig, daß Genie dem Nachahmungsgeiste gänzlich entgegen zu setzen sei.

X, 243

Das Produkt eines Genies ist ein Beispiel nicht der Nachahmung, sondern der Nachfolge für ein anderes Genie, welches dadurch zum Gefühl seiner eigenen Originalität aufgeweckt wird, Zwangsfreiheit von Regeln so in der Kunst auszuüben, daß diese dadurch selbst neue Regeln bekommt, wodurch das Talent sich als musterhaft zeigt. –

Aber diese Nachahmung wird *Nachäffung*, wenn der Schüler alles *nachmacht*, bis auf das, was das Genie als Mißgestalt nur hat zulassen müssen, weil es sich, ohne die Idee zu schwächen, nicht wohl wegschaffen ließ. Dieser Mut ist an einem Genie allein Verdienst; und eine gewisse *Kühnheit* im Ausdrucke und überhaupt manche Abweichung von der gemeinen Regel steht demselben wohl an, ist aber keineswegs nachahmungswürdig.

X, 255

Man nennt das durch *Ideen* belebende Prinzip des Gemüts *Geist. Geschmack* ist ein bloßes regulatives Beurteilungsvermögen der Form in der Verbindung des Mannigfaltigen in der Einbildungskraft. – Ein mit Geist und Geschmack angefaßtes Produkt kann überhaupt *Poesie* genannt werden und ist ein Werk der *schönen Kunst*. –

Warum gewinnt unter den schönen (redenden) Künsten die Poesie den Preis über die Beredsamkeit, bei eben denselben Zwecken? Weil sie zugleich Musik und Ton, ein für sich allein angenehmer Laut ist, dergleichen die bloße Sprache nicht ist. –

Ein gutes Gedicht ist das eindringendste Mittel der Belebung des Gemüts.

XII, 573/575

Das Schöne kommt darin mit dem Erhabenen überein, daß beides für sich selbst gefällt.

X, 164

Das Erhabene muß jederzeit groß, das Schöne kann auch klein sein.

II, 828

Man sagt von gewissen Produkten: sie sind ohne *Geist*; ob man gleich an ihnen, was den Geschmack betrifft, nichts zu tadeln findet. Ein Gedicht kann recht nett und elegant sein, aber es ist ohne Geist. Eine Geschichte ist genau und ordentlich, aber ohne Geist. Eine feierliche Rede ist gründlich und zugleich zierlich, aber ohne Geist. Manche Konversation ist nicht ohne Unterhaltung, aber doch ohne Geist. – Was ist denn das, was man hier unter Geist versteht?

Geist, in ästhetischer Bedeutung, heißt das belebende Prinzip im Gemüte. – Nun behaupte ich, dieses Prinzip sei nichts anders, als das Vermögen der Darstellung *ästhetischer Ideen*; unter einer ästhetischen Idee aber verstehe ich diejenige Vorstellung der Einbildungskraft, die viel zu denken veranlaßt, ohne daß ihr doch irgend ein bestimmter Gedanke, d.i. *Begriff* adäquat sein kann, die folglich keine Sprache völlig erreicht und verständlich machen kann.

Die Einbildungskraft (als produktives Erkenntnisvermögen) ist nämlich sehr mächtig in Schaffung gleichsam einer andern Natur aus dem Stoffe, den ihr die wirkliche gibt.

X, 249 f.

Der Dichter wagt es, Vernunftideen von unsichtbaren Wesen, das Reich der Seligen, das Höllenreich, die Ewigkeit, die Schöpfung u. d. gl. zu versinnlichen; oder auch das, was zwar Beispiele in der Erfahrung findet, z. B. den Tod, den Neid und alle Laster, imgleichen die Liebe, den Ruhm u. d. gl. über die Schranken der Erfahrung hinaus, vermittelst einer Einbildungskraft sinnlich zu machen, für die sich in der Natur kein Beispiel findet; und es ist eigentlich die Dichtkunst, in welcher sich das Vermögen ästhetischer Ideen in seinem ganzen Maße zeigen kann.

X, 250 f.

Unter allen behauptet die *Dichtkunst* (die fast gänzlich dem Genie ihren Ursprung verdankt und am wenigsten durch Vorschrift oder durch Beispiele geleitet sein will) den obersten Rang. Sie erweitert das Gemüt dadurch, daß sie die Einbildungskraft in Freiheit setzt – sie stärkt das Gemüt, indem sie es sein freies, selbsttätiges und von der Naturbestimmung unabhängiges Vermögen fühlen läßt, die Natur, als Erscheinung, nach Ansichten zu betrachten und zu beurteilen, die sie nicht von selbst, weder für den Sinn noch den Verstand in der Erfahrung darbietet, und sie also zum Behuf und gleichsam zum Schema des Übersinnlichen zu gebrauchen.

X, 265

Manches Buch wäre viel deutlicher geworden, wenn es nicht gar so deutlich hätte werden sollen.

III, 17

Man kann nicht geistreich dichten lernen, so ausführlich auch alle Vorschriften für die Dichtkunst und so vortrefflich auch die Muster derselben sein mögen.

X, 243 f.

Studierte Dunkelheit wird oft mit gewünschtem Erfolg gebraucht, um Tiefsinn und Gründlichkeit vorzuspiegeln; wie etwa in der *Dämmerung* oder durch einen Nebel gesehene Gegenstände immer größer gesehen werden, als sie sind. – Aber überhaupt ist auch ein gewisser Grad des Rätselhaften in einer Schrift dem Leser nicht unwillkommen; weil ihm dadurch seine eigene Scharfsinnigkeit fühlbar wird, das Dunkele in klare Begriffe aufzulösen.

XII, 420/421

Was den Vitalsinn betrifft, so wird dieser durch *Musik*, als ein regelmäßiges Spiel von Empfindungen des Gehörs, unbeschreiblich lebhaft und mannigfaltig nicht bloß bewegt, sondern auch gestärkt, welche also gleichsam eine Sprache bloßer Empfindungen ist. Die Laute sind hier *Töne* und dasjenige fürs Gehör, was die Farben fürs Gesicht sind; eine Mitteilung der Gefühle in die Ferne in einem Raume umher, an alle, die sich darin befinden, und ein gesellschaftlicher Genuß, der dadurch nicht vermindert wird, daß viele an ihm teilnehmen.

XII, 448

Alles Steif-Regelmäßige hat das Geschmackwidrige an sich: daß es keine lange Unterhaltung mit der Betrachtung desselben gewährt. – Dagegen ist das, womit Einbildungskraft ungesucht und zweckmäßig spielen kann, uns jederzeit neu, und man wird seines Anblicks nicht überdrüssig.

X, 163

Nichts ist die Sinne belebender als die Musik; das belebende Prinzip im Menschen aber ist die Seele.

VI, 381

In aller schönen Kunst besteht das Wesentliche in der Form, welche für die Beobachtung und Beurteilung zweckmäßig ist, wo die Lust zugleich Kultur ist und den Geist zu Ideen stimmt, mithin ihn mehrerer solcher Lust und Unterhaltung empfänglich macht; nicht in der Materie der Empfindung (dem Reiz oder der Rührung), wo es bloß auf Genuß angelegt ist, welcher nichts in der Idee zurückläßt, den Geist stumpf, den Gegenstand nach und nach anekelnd und das Gemüt, durch das Bewußtsein seiner im Urteile der Vernunft zweckwidrigen Stimmung, mit sich selbst unzufrieden und launisch macht.

Wenn die schönen Künste nicht, nahe oder fern, mit moralischen Ideen in Verbindung gebracht werden, die allein ein selbständiges Wohlgefallen bei sich führen, so ist das letztere ihr endliches Schicksal. Sie dienen alsdann nur zur Zerstreuung, deren man immer desto mehr bedürftig wird, als man sich ihrer bedient, um die Unzufriedenheit des Gemüts mit sich selbst dadurch zu vertreiben, daß man sich immer noch unnützlicher und mit sich selbst unzufriedener macht.

X, 264 f.

Ich räume gerne ein, daß das Interesse am Schönen der Kunst gar keinen Beweis einer dem Moralischguten anhänglichen oder auch nur dazu geneigten Denkungsart abgebe. Dagegen aber behaupte ich, daß ein *unmittelbares Interesse* an der Schönheit der *Natur* zu nehmen jederzeit ein Kennzeichen einer guten Seele sei; und daß, wenn dieses Interesse habituell ist, es wenigstens eine dem moralischen Gefühl günstige Gemütsstimmung anzeige, wenn es sich mit der *Beschauung der Natur* gerne verbindet. –

Dieser Vorzug der Naturschönheit vor der Kunstschönheit stimmt mit der geläuterten und gründlichen Denkungsart aller Menschen überein, die ihr sittliches Gefühl kultiviert haben.

X, 231 f./233

Mit dem Ausdruck einer *schönen Seele* sagt man alles, was sich, sie zum Zweck der innersten Vereinigung mit ihr zu machen, sagen läßt; denn *Seelengröße* und *Seelenstärke* betreffen die Materie (die Werkzeuge zu gewissen Zwecken); aber die *Seelengüte*, die reine Form, unter der alle Zwecke sich müssen vereinigen lassen und die daher, wo sie angetroffen wird, gleich dem *Eros* in der Fabelwelt, *urschöpferisch* aber auch *überirdisch* ist, – diese Seelengüte ist doch der Mittelpunkt, um welchen das Geschmacksurteil alle seine Urteile der mit der Freiheit des Verstandes vereinbaren sinnlichen Lust versammelt.

XII, 567

Von der Glückseligkeit

Glücklich zu sein, ist notwendig das Verlangen jedes vernünftigen aber endlichen Wesens, und also ein unvermeidlicher Bestimmungsgrund seines Begehrungsvermögens. Denn die Zufriedenheit mit seinem ganzen Dasein ist nicht etwa ein ursprünglicher Besitz und eine Seligkeit, welche ein Bewußtsein seiner unabhängigen Selbstgenügsamkeit voraussetzen würde, sondern ein durch seine endliche Natur selbst ihm aufgedrungenes Problem, weil es bedürftig ist. – Worin jeder seine Glückseligkeit zu setzen habe, kommt auf jedes sein besonderes Gefühl der Lust und Unlust an und selbst in einem und demselben Subjekt auf die Verschiedenheit des Bedürfnisses nach den Abänderungen des Gefühls.

VII, 133

Die verschiedenen Empfindungen des Vergnügens, oder des Verdrusses, beruhen nicht so sehr auf der Beschaffenheit der äußeren Dinge, die sie erregen, als auf dem jedem Menschen eigenen Gefühl, dadurch mit Lust oder Unlust gerührt zu werden. Daher kommen die Freuden einiger Menschen, woran andre einen Ekel haben, die verliebte Leidenschaft, die öfters jedermann ein Rätsel ist, oder auch der lebhafte Widerwille, den der eine woran empfindet, was dem andern völlig gleichgültig ist.

II, 825

Glückseligkeit ist nicht ein Ideal der Vernunft, sondern der Einbildungskraft.

VII, 48

Wir können überhaupt bemerken, daß, so reizend auch die Eindrücke des zärtlichen Gefühls sein mögen, man doch Ursache habe, in der Verfeinerung desselben behutsam zu sein, woferne wir uns nicht durch übergroße Reizbarkeit nur viel Unmut und eine Quelle von Übel erklügeln wollen. Ich möchte edleren Seelen wohl vorschlagen, das Gefühl, in Ansehung der Eigenschaften, die ihnen selbst zukommen, oder der Handlungen, die sie selber tun, so sehr zu verfeinern als sie können, dagegen in Ansehung dessen, was sie genießen oder von andern erwarten, den Geschmack in seiner Einfalt zu erhalten; wenn ich nur einsähe, wie dieses zu leisten möglich sei. In dem Falle aber, daß es anginge, würden sie andere glücklich machen und auch selbst glücklich sein.

II, 864

Viele Menschen sind unglücklich, weil sie nicht abstrahieren können. – Wenn das Hauptsächliche gut ist, so ist es nicht allein billig, sondern auch klüglich gehandelt, über das Üble an anderen, ja selbst unseres eigenen Glückszustandes, *wegzusehen*; aber dieses Vermögen zu abstrahieren ist eine Gemütsstärke, welche nur durch Übung erworben werden kann.

XII, 413

Lust ist ein *Zustand* des Gemüts, in welchem eine Vorstellung mit sich selbst zusammenstimmt. – Man sieht hier leicht, daß Lust oder Unlust, weil sie keine Erkenntnisarten sind, für sich selbst gar nicht können erklärt werden, und gefühlt, nicht eingesehen werden wollen; daß man sie daher nur durch den Einfluß, den eine Vorstellung vermittelst dieses Gefühls auf die Tätigkeit der Gemütskräfte hat, dürftig erklären kann.

X, 45

Der, welcher *selbst* die Freude entbehren muß, wird sie schwerlich anderen gönnen.

XII, 629

Es findet sich, daß man auch an bloßer *Kraftanwendung*, an dem Bewußtsein seiner Seelenstärke in Überwindung der Hindernisse, die sich unserem Vorsatze entgegensetzen, an der Kultur der Geistestalente u. s. w. Vergnügen finden könne, und wir nennen das mit Recht *feinere* Freuden und Ergötzungen, weil sie mehr als andere in unserer Gewalt sind, sich nicht abnutzen, das Gefühl zu noch mehrerem Genuß derselben vielmehr stärken und, indem sie ergötzen, zugleich kultivieren.

VII, 131

Die Fröhlichkeit des Herzens entspringt daraus, daß man sich nichts vorzuwerfen hat.

XII, 761

Weil alle Abwechselung, die man in seiner Gewalt hat, das Gemüt überhaupt belebt und stärkt, so ist der, welcher alles, was ihm begegnet, auf die leichte Achsel nimmt, wenn gleich nicht weiser, doch gewiß glücklicher, als der an Empfindungen klebt, die seine Lebenskraft starren machen.

XII, 628

Alles wechselnde freie Spiel der Empfindungen vergnügt, weil es das Gefühl der Gesundheit befördert.

X, 271

Sein Leben fühlen, sich vergnügen, ist nichts anders als: sich kontinuierlich getrieben fühlen, aus dem gegenwärtigen Zustand herauszugehen. – Je schneller wir über die Zeit wegkommen, um desto erquickter fühlen wir uns. – Das Ausfüllen der Zeit durch planmäßige fortschreitende Beschäftigungen, die einen großen beabsichtigten Zweck zur Folge haben, ist das einzige sichere Mittel, seines Lebens froh und dabei doch auch lebenssatt zu werden. Je mehr du gedacht, je mehr du getan hast, desto länger hast du (selbst in deiner eigenen Einbildung) gelebt. Ein solcher Beschluß des Lebens geschieht nun mit Zufriedenheit.

Wie steht es aber mit der Zufriedenheit während dem Leben? Sie ist dem Menschen unerreichbar: weder in moralischer noch in pragmatischer Hinsicht. Die Natur hat den Schmerz zum Stachel der Tätigkeit in ihn gelegt, dem er nicht entgehen kann: um immer zum Bessern fortzuschreiten; und auch im letzten Augenblicke des Lebens ist die Zufriedenheit mit dem letzten Abschnitte desselben nur komparativ so zu nennen. – Im Leben absolut zufrieden zu sein, wäre tatlose Ruhe und Stillstand der Triebfedern, oder Abstumpfung der Empfindungen und der damit verknüpften Tätigkeit. Eine solche aber kann eben so wenig mit dem intellektuellen Leben des Menschen zusammen bestehen, als der Stillstand des Herzens in einem tierischen Körper.

XII, 554/555/556

Das gründlichste und leichteste Besänftigungsmittel aller Schmerzen ist der Gedanke, den man einem vernünftigen Menschen wohl anmuten kann: daß das Leben überhaupt, was den Genuß desselben betrifft, der von Glücksumständen abhängt, gar keinen eigenen Wert, und nur, was den Gebrauch desselben anlangt, zu welchen Zwecken es gerichtet ist, einen Wert habe, den nicht das Glück, sondern allein die *Weisheit* dem Menschen verschaffen kann; der also in seiner Gewalt ist. Wer ängstlich wegen des Verlustes desselben bekümmert ist, wird des Lebens nie froh werden.

XII, 562

Die Gemütskräfte müssen vermittelst der Einbildungskraft harmonisch bewegt werden; weil sie sonst nicht beleben, sondern sich einander stören würden.

XII, 545

Will man das Sinnenvermögen lebendig erhalten, so muß man nicht von den starken Empfindungen anfangen (denn die machen uns gegen die folgenden unempfindlich), sondern sie sich lieber anfänglich versagen und sich kärglich zumessen, um immer höher steigen zu können. –

Das Bewußtsein, den Genuß in deiner Gewalt zu haben, ist, wie alles Idealische, fruchtbarer und weiter umfassend, als alles, was den Sinn dadurch befriedigt, daß es hiemit zugleich verzehrt wird und so von der Masse des Ganzen abgeht.

XII, 462

Je empfänglicher der Vitalsinn für Eindrücke ist (je zärtlicher und empfindlicher), desto unglücklicher ist der Mensch; je empfänglicher für den Organsinn (empfindsamer), dagegen abgehärteter für den Vitalsinn der Mensch ist, desto glücklicher ist er; ich sage glücklicher, nicht eben moralisch-besser; denn er hat das Gefühl seines Wohlseins mehr in seiner Gewalt.

X, 452

In den Tag hinein (ohne Vorsicht und Besorgnis) leben macht zwar dem Verstande des Menschen eben nicht viel Ehre. – Wenn aber dabei nur kein Verstoß wider die Moralität vorkommt, so kann man einen, der für alle Ereignisse abgehärtet ist, wohl für glücklicher halten, als den, der sich immer nur mit trüben Aussichten die Lust am Leben verkümmert. Unter allen Aussichten aber, die der Mensch nur haben kann, ist die wohl die tröstlichste, wenn er nach seinem gegenwärtigen moralischen Zustande Ursache hat, die Fortdauer und das fernere Fortschreiten zum noch Besseren im Prospekt zu haben. Dagegen wenn er zwar mutig den Vorsatz faßt, von nun an einen neuen und besseren Lebenswandel einzuschlagen, sich aber selbst sagen muß: es wird wohl doch nichts daraus werden, weil du öfters dieses Versprechen dir gegeben, es aber immer, unter dem Vorwande einer Ausnahme für dieses einzigemal, gebrochen hast: so ist das ein trostloser Zustand der Erwartung ähnlicher Fälle.

XII, 491 f.

Man muß die Erwartung von etwas nicht zu hoch spannen, weil die Einbildungskraft natürlicherweise bis zum Äußersten zu steigern geneigt ist; denn die Wirklichkeit ist immer beschränkter als die Idee.

XII, 474

Die Vorsehung hat nicht gewollt, daß unsre zur Glückseligkeit höchstnötigen Einsichten auf der Spitzfindigkeit feiner Schlüsse beruhen sollten, sondern sie dem natürlichen gemeinen Verstande unmittelbar überliefert, der, wenn man ihn nicht durch falsche Kunst verwirret, nicht ermangelt, uns gerade zum Wahren und Nützlichen zu führen, in so ferne wir desselben äußerst bedürftig sein.

II, 621

Das ganz einfältige und grobe Gefühl in den Geschlechterneigungen führet zwar sehr grade zum großen Zwecke der Natur, und, indem es ihre Forderungen erfüllt, ist es geschickt, die Person selbst ohne Umschweife glücklich zu machen, allein um der großen Allgemeinheit willen artet es leichtlich in Ausschweifung und Liederlichkeit aus. An der anderen Seite dient ein sehr verfeinerter Geschmack zwar dazu, einer ungestümen Neigung die Wildheit zu benehmen, und, indem er solche nur auf sehr wenig Gegenstände einschränkt, sie sittsam und anständig zu machen, allein sie verfehlet gemeiniglich die große Endabsicht der Natur, und da sie mehr fordert oder erwartet, als diese gemeiniglich leistet, so pflegt sie die Person von so delikater Empfindung sehr selten glücklich zu machen.

II, 863

Es ist überall nichts in der Welt, ja überhaupt auch außer derselben zu denken möglich, was ohne Einschränkung für gut könnte gehalten werden, als allein ein *guter Wille*, Verstand, Witz, Urteilskraft, und wie die *Talente* des Geistes sonst heißen mögen – Mut, Entschlossenheit, Beharrlichkeit im Vorsatze, als Eigenschaften des *Temperaments*, sind ohne Zweifel in mancher Absicht gut und wünschenswert; aber sie können auch äußerst böse und schädlich werden, wenn der Wille, der von diesen Naturgaben Gebrauch machen soll und dessen eigentümliche Beschaffenheit darum *Charakter* heißt, nicht gut ist. Mit den *Glücksgaben* ist es eben so bewandt. Macht, Reichtum, Ehre, selbst Gesundheit, und das ganze Wohlbefinden und Zufriedenheit mit seinem Zustande, unter dem Namen der *Glückseligkeit*, machen Mut und hiedurch öfters auch Übermut, wo nicht ein guter Wille da ist, der den Einfluß derselben aufs Gemüt, und hiemit auch das ganze Prinzip zu handeln, berichtige und allgemein-zweckmäßig mache.

VII, 18

In der Tat finden wir, daß, je mehr eine kultivierte Vernunft sich mit der Absicht auf den Genuß des Lebens und der Glückseligkeit abgibt, desto weiter der Mensch von der wahren Zufriedenheit abkomme. –

Und so weit muß man gestehen, daß das Urteil derer, die die ruhmredigen Hochpreisungen der Vorteile, die uns die Vernunft in Ansehung der Glückseligkeit und Zufriedenheit des Lebens verschaffen sollte, sehr mäßigen und sogar unter Null herabsetzen, keineswegs grämisch oder gegen die Güte der Weltregierung undankbar sei, sondern daß diesen Urteilen insgeheim die Idee von einer andern und viel würdigern Absicht ihrer Existenz zum Grunde liege, zu welcher, und nicht der Glückseligkeit, die Vernunft ganz eigentlich bestimmt sei, und welcher darum, als oberster Bedingung, die Privatabsicht des Menschen größtenteils nachstehen muß.

VII, 20 f.

Wer nur nach eines *anderen* Wahl glücklich sein kann (dieser mag nun so wohlwollend sein, als man will), fühlt sich mit Recht unglücklich. Denn welche Gewährleistung hat er, daß sein mächtiger Nebenmensch in dem Urteile über das Wohl mit dem seinen zusammenstimmen werde?

XII, 603

Ich kann niemand nach *meinen* Begriffen von Glückseligkeit wohltun, sondern nach *jenes* seinen Begriffen, dem ich eine Wohltat zu erweisen denke, indem ich ihm ein Geschenk aufdringe.

Das Vermögen wohlzutun, was von Glücksgütern abhängt, ist größtenteils ein Erfolg aus der Begünstigung verschiedener Menschen durch die Ungerechtigkeit der Regierung, welche eine Ungleichheit des Wohlstandes, die anderer Wohltätigkeit notwendig macht, einführt. Verdient unter solchen Umständen der Beistand, den der Reiche den Notleidenden erweisen mag, wohl überhaupt den Namen der Wohltätigkeit, mit welcher man sich so gern als Verdienst brüstet?

VIII, 591

Das *Wohlwollen* kann unbegrenzt sein. – Aber mit dem *Wohltun*, vornehmlich wenn es nicht aus Zuneigung (Liebe) zu anderen, sondern aus Pflicht geschehen soll, geht es schwieriger zu. – Daß diese Wohltätigkeit Pflicht sei, ergibt sich daraus: daß, weil unsere Selbstliebe von dem Bedürfnis, von anderen auch geliebt (in Notfällen geholfen) zu werden, nicht getrennt werden kann, wir also uns zum Zweck für andere machen. – Nun ist unmöglich, bestimmte Grenzen anzugeben: wie weit das gehen könne. Es kommt sehr darauf an, was für jeden nach seiner Empfindungsart wahres Bedürfnis sein werde, welches zu bestimmen jedem selbst überlassen bleiben muß. Denn mit Aufopferung seiner eigenen Glückseligkeit (seiner wahren Bedürfnisse) anderer ihre zu befördern, würde eine an sich selbst widerstreitende Maxime sein, wenn man sie zum allgemeinen Gesetz machte.

VIII, 524

Es ist niemals aus den Augen zu lassen: daß, welcher Art es auch sei, man keine sehr hohen Ansprüche auf die Glückseligkeiten des Lebens und die Vollkommenheit der Menschen machen müsse; denn derjenige, welcher jederzeit nur etwas Mittelmäßiges erwartet hat, hat den Vorteil, daß der Erfolg selten seine Hoffnung widerlegt, dagegen bisweilen ihn auch wohl unvermutete Vollkommenheiten überraschen.

II, 864

Wenn die Fesseln, welche uns an die Eitelkeit der Kreaturen geknüpft halten, in dem Augenblicke, welcher zu der Verwandelung unsers Wesens bestimmt worden, abgefallen sein, so wird der unsterbliche Geist, von der Abhängigkeit der endlichen Dinge befreiet, in der Gemeinschaft mit dem unendlichen Wesen, den Genuß der wahren Glückseligkeit finden. Die ganze Natur, welche eine allgemeine harmonische Beziehung zu dem Wohlgefallen der Gottheit hat, kann diejenige vernünftige Kreatur nicht anders als mit immerwährender Zufriedenheit erfüllen, die sich mit dieser Urquelle aller Vollkommenheit vereint befindet. Die Natur, von diesem Mittelpunkte aus gesehen, wird von allen Seiten lauter Sicherheit, lauter Wohlanständigkeit zeigen. Die veränderlichen Szenen der Natur vermögen nicht, den Ruhestand der Glückseligkeit eines Geistes zu verrücken, der einmal zu solcher Höhe erhoben ist.

I, 344

Nachdem die Eitelkeit ihren Anteil an der menschlichen Natur wird abgefordert haben: so wird der unsterbliche Geist, mit einem schnellen Schwunge, sich über alles, was endlich ist, empor schwingen, und in einem neuen Verhältnisse gegen die ganze Natur, welche aus einer näheren Verbindung mit dem höchsten Wesen entspringet, sein Dasein fortsetzen. Forthin wird diese erhöhete Natur, welche die Quelle der Glückseligkeit in sich selber hat, sich nicht mehr unter den äußeren Gegenständen zerstreuen, um eine Beruhigung bei ihnen zu suchen. Der gesamte Inbegriff der Geschöpfe, welcher eine notwendige Übereinstimmung zum Wohlgefallen des höchsten Urwesens hat, muß sie auch zu dem seinigen haben und wird sie nicht anders als mit immerwährender Zufriedenheit rühren.

In der Tat, wenn man mit solchen Betrachtungen sein Gemüt erfüllet: so gibt der Anblick eines bestirnten Himmels, bei einer heitern Nacht, eine Art des Vergnügens, welches nur edle Seelen empfinden. Bei der allgemeinen Stille der Natur und der Ruhe der Sinne redet das verborgene Erkenntnisvermögen des unsterblichen Geistes eine unnennbare Sprache und gibt unausgewickelte Begriffe, die sich wohl empfinden, aber nicht beschreiben lassen. Wenn es unter den denkenden Geschöpfen dieses Planeten niederträchtige Wesen gibt, die, ungeachtet aller Reizungen, womit ein so großer Gegenstand sie anlocken kann, dennoch im Stande sind, sich fest an die Dienstbarkeit der Eitelkeit zu heften: wie unglücklich ist diese Kugel, daß sie so elende Geschöpfe hat erziehen können? Wie glücklich aber ist sie andererseits, da ihr unter den alleranehmungswürdigsten Bedingungen ein Weg eröffnet ist, zu einer Glückseligkeit und Hoheit zu gelangen, welche unendlich weit über die Vorzüge erhaben ist, die die allervorteilhafteste Einrichtung der Natur in allen Weltkörpern erreichen kann.

I, 395 f.

Allen Stolz, der sich auf Vorzüge des Glückes gründet, muß man zu vermeiden suchen.

XII, 752 f.

Glückseligkeit ist die Befriedigung aller unserer Neigungen. – Das praktische Gesetz aus dem Bewegungsgrunde der *Glückseligkeit* nenne ich pragmatisch (Klugheitsregel); dasjenige aber, wofern ein solches ist, das zum Bewegungsgrunde nichts anderes hat als die *Würdigkeit, glücklich zu sein*, moralisch (Sittengesetz). Das erstere rät, was zu tun sei, wenn wir der Glückseligkeit wollen teilhaftig, das zweite gebietet, wie wir uns verhalten sollen, um nur der Glückseligkeit würdig zu werden.

IV, 677 f.

Natürliche Neigungen sind, *an sich selbst betrachtet*, *gut*, d. i. unverwerflich, und es ist nicht allein vergeblich, sondern es wäre auch schädlich und tadelhaft, sie ausrotten zu wollen; man muß sie vielmehr nur bezähmen, damit sie sich untereinander nicht selbst aufreiben, sondern zur Zusammenstimmung in einem Ganzen, Glückseligkeit genannt, gebracht werden können. Die Vernunft aber, die dieses ausrichtet, heißt *Klugheit*.

VIII, 710

Es ist ein Zweck, den man bei allen vernünftigen Wesen als wirklich voraussetzen kann – und das ist die Absicht aus Glückseligkeit. Nun kann man die Geschicklichkeit in der Wahl der Mittel zu seinem eigenen größten Wohlsein *Klugheit* im engsten Verstande nennen. –

Die Imperative der Klugheit würden, wenn es nur so leicht wäre, einen bestimmten Begriff von Glückseligkeit zu geben, mit denen der Geschicklichkeit ganz und gar übereinkommen. – Allein es ist ein Unglück, daß der Begriff der Glückseligkeit ein so unbestimmter Begriff ist, daß, obgleich jeder Mensch zu dieser zu gelangen wünscht, er doch niemals bestimmt und mit sich selbst einstimmig sagen kann, was er eigentlich wünsche und wolle. Die Ursache davon ist: daß alle Elemente, die zum Begriff der Glückseligkeit gehören, insgesamt empirisch sind, d. i. aus der Erfahrung müssen entlehnt werden, daß gleichwohl zur Idee der Glückseligkeit ein absolutes Ganze, ein Maximum des Wohlbefindens, in meinem gegenwärtigen und jedem zukünftigen Zustande erforderlich ist. Nun ist's unmöglich, daß das einsehendste und zugleich allervermögendste, aber doch endliche Wesen sich einen bestimmten Begriff von dem mache, was er hier eigentlich wolle. Will er Reichtum, wie viel Sorge, Neid und Nachstellung könnte er sich dadurch nicht auf den Hals ziehen. Will er viel Erkenntnis und Einsicht, vielleicht könnte das ein nur um desto schärferes Auge werden, um die Übel, die sich für ihn jetzt noch verbergen und doch nicht vermieden werden können, ihm nur um desto schrecklicher zu zeigen, oder seinen Begierden, die ihm schon genug zu schaffen machen, noch mehr Bedürfnisse aufzubürden. Will er ein langes Leben, wer steht ihm dafür, daß es nicht ein langes Elend sein würde? Will er wenigstens Gesundheit, wie oft hat noch Ungemächlichkeit des Körpers von Ausschweifung abgehalten, darein unbeschränkte Gesundheit würde haben fallen lassen, u. s. w. Kurz, er ist nicht vermögend, nach irgend einem Grundsatze mit völliger Gewißheit zu bestimmen, was ihn wahrhaftig glücklich machen werde, darum, weil hiezu Allwissenheit erforderlich sein würde. Man kann also nicht nach bestimmten Prinzipien handeln, um glücklich zu sein, sondern nur nach empirischen Ratschlägen, z. B. der Diät, der Sparsamkeit, der Höflichkeit, der Zurückhaltung u. s. w., von welchen die Erfahrung lehrt, daß sie das Wohlbefinden im Durchschnitt am meisten befördern.

VII, 44/45/47 f.

Wie, wenn ich mich nun so verhalte, daß ich der Glückseligkeit nicht unwürdig sei, darf ich auch hoffen, ihrer dadurch teilhaftig werden zu können? –

Ich sage: eben sowohl, als die moralischen Prinzipien nach der Vernunft in ihrem *praktischen* Gebrauche notwendig sind, eben so notwendig sei es auch nach der Vernunft, in ihrem *theoretischen* Gebrauch anzunehmen, daß jedermann die Glückseligkeit in demselben Maße zu hoffen Ursache habe, als er sich derselben in seinem Verhalten würdig gemacht hat, und daß also das System der Sittlichkeit mit dem der Glückseligkeit unzertrennlich, aber nur in der Idee der reinen Vernunft verbunden sei.

IV, 679/680

Wir sehen an den Werken der Natur, die wir beurteilen können, so ausgebreitete und tiefe Weisheit, die wir uns nicht anders als durch eine unaussprechliche große Kunst eines Weltschöpfers erklären können, von welchem wir uns denn auch, was die sittliche Ordnung betrifft, in der doch die höchste Zierde der Welt besteht, eine nicht minder weise Regierung zu versprechen Ursache haben: nämlich, daß, wenn wir uns nicht selbst *der Glückseligkeit unwürdig* machen, welches durch die Übertretung unserer Pflicht geschieht, wir auch hoffen können, ihrer *teilhaftig* zu werden.

VIII, 623

Die Vorsehung hat gewollt, daß der Mensch das Gute aus sich selbst herausbringen soll, und spricht, so zu sagen, zum Menschen: »Gehe in die Welt« – so etwa könnte der Schöpfer den Menschen anreden! – »ich habe dich ausgerüstet mit allen Anlagen zum Guten. Dir kommt es zu, sie zu entwickeln, und so hängt dein eignes Glück und Unglück von dir selbst ab.«

XII, 702

Der denkende Mensch, wenn er über die Anreize zum Laster gesiegt hat und seine, oft sauere, Pflicht getan zu haben sich bewußt ist, findet sich in einem Zustande der Seelenruhe und Zufriedenheit, den man gar wohl Glückseligkeit nennen kann; in welchem die Tugend ihr eigener Lohn ist.

VIII, 505

Tue das, wodurch du würdig wirst, glücklich zu sein.

IV, 679

Der größte Sinnengenuß, der gar keine Beimischung von Ekel bei sich führt, ist, im gesunden Zustande, *Ruhe nach der Arbeit*. – Der Hang zur Ruhe ohne vorhergehende Arbeit in jenem Zustande ist *Faulheit*.

XII, 613 f.

Welches sind die Zwecke, die zugleich Pflichten sind?

Sie sind: Eigene Vollkommenheit – Fremde Glückseligkeit.

Man kann diese nicht gegen einander umtauschen und eigene Glückseligkeit, einerseits, mit fremder Vollkommenheit, andererseits, zu Zwecken machen.

VIII, 515

Die Verknüpfung der Hoffnung, glücklich zu sein, mit dem unablässigen Bestreben, sich der Glückseligkeit würdig zu machen, kann durch die Vernunft nicht erkannt werden, wenn man bloß Natur zum Grunde legt, sondern darf nur gehofft werden, wenn eine *höchste Vernunft*, die nach moralischen Gesetzen gebietet, zugleich als Ursache der Natur zum Grunde gelegt wird.

IV, 680 f.

Es kommt auf unser Wohl und Weh in der Beurteilung unserer praktischen Vernunft gar *sehr viel*, und, was unsere Natur als sinnlicher Wesen betrifft, *alles* auf unsere *Glückseligkeit* an, wenn diese, wie Vernunft es vorzüglich fordert, nicht nach der vorübergehenden Empfindung, sondern nach dem Einflusse, den diese Zufälligkeit auf unsere ganze Existenz und die Zufriedenheit mit derselben hat, beurteilt wird; aber *alles überhaupt* kommt darauf doch nicht an. Der Mensch ist ein bedürftiges Wesen, so fern er zur Sinnenwelt gehört. – Aber er ist doch nicht so ganz Tier, um gegen alles, was Vernunft für sich selbst sagt, gleichgültig zu sein und diese bloß zum Werkzeuge der Befriedigung seines Bedürfnisses, als Sinnenwesens, zu gebrauchen.

VII, 178 f.

Die Menschengattung soll und *kann* selbst Schöpferin ihres Glücks sein; nur daß sie es sein wird, läßt sich nicht a priori, aus den uns von ihr bekannten Naturanlagen, sondern nur aus der Erfahrung und Geschichte mit so weit gegründeter Erwartung schließen, als nötig ist, an diesem ihrem Fortschreiten zum Besseren nicht zu verzweifeln, sondern, mit aller Klugheit und moralischer Vorleuchtung, die Annäherung zu diesem Ziele zu befördern.

XII, 683

Religion und moralischer Vernunftglaube: Das Gesetz in uns

Die verschleierte Göttin, vor der wir unsere Knie beugen, ist das moralische Gesetz in uns, in seiner unverletzlichen Majestät. Wir vernehmen zwar ihre Stimme und verstehen auch gar wohl ihr Gebot, sind aber beim Anhören in Zweifel, ob sie von dem Menschen, aus der Machtvollkommenheit seiner eigenen Vernunft selbst, oder ob sie von einem anderen, dessen Wesen ihm unbekannt ist und welches zum Menschen durch diese seine eigene Vernunft spricht, herkomme. Im Grunde täten wir vielleicht besser, uns dieser Nachforschung gar zu überheben; da sie bloß spekulativ ist und, was uns zu tun obliegt, immer dasselbe bleibt, man mag eines oder das andere Prinzip zum Grunde legen.

VI, 395

Zuvörderst muß man alles der Natur, nachher diese selbst aber Gott zuschreiben, wie z. E. erstlich alles auf Erhaltung der Arten und deren Gleichgewicht angelegt worden, aber von weitem zugleich auch auf den Menschen, damit er sich selbst glücklich mache. –

Was ist denn aber Religion? Religion ist das Gesetz in uns, in so ferne es durch einen Gesetzgeber und Richter über uns Nachdruck erhält; sie ist eine auf die Erkenntnis Gottes angewandte Moral. Verbindet man Religion nicht mit Moral, so wird Religion zur bloßen Gunstbewerbung. Lobpreisungen, Gebete, Kirchengehen sollen nur dem Menschen neue Stärke, neuen Mut zur Besserung geben, oder der Ausdruck eines von der Pflichtvorstellung beseelten Herzens sein. Sie sind nur Vorbereitungen zu guten Werken, nicht aber selbst gute Werke, und man kann dem höchsten Wesen nicht anders gefällig werden, als dadurch, daß man ein besserer Mensch werde.

XII, 755 f.

Moral führt unumgänglich zur Religion, wodurch sie sich zur Idee eines machthabenden moralischen Gesetzgebers außer dem Menschen erweitert, in dessen Willen dasjenige Endzweck (der Weltschöpfung) ist, was zugleich der Endzweck des Menschen sein kann und soll.

VIII, 652

Zwei Dinge erfüllen das Gemüt mit immer neuer und zunehmender Bewunderung und Ehrfurcht, je öfter und anhaltender sich das Nachdenken damit beschäftigt: *Der bestirnte Himmel über mir und das moralische Gesetz in mir*. Beide darf ich nicht als in Dunkelheiten verhüllt, oder im Überschwenglichen außer meinem Gesichtskreise, suchen und bloß vermuten; ich sehe sie vor mir und verknüpfe sie unmittelbar mit dem Bewußtsein meiner Existenz. Das erste fängt von dem Platze an, den ich in der äußern Sinnenwelt einnehme, und erweitert die Verknüpfung, darin ich stehe, ins unabsehlich Große mit Welten über Welten und Systemen von Systemen, überdem noch in grenzenlose Zeiten ihrer periodischen Bewegung, deren Anfang und Fortdauer. Das zweite fängt von meinem unsichtbaren Selbst, meiner Persönlichkeit, an und stellt mich in einer Welt dar, die wahre Unendlichkeit hat, aber nur dem Verstande spürbar ist, und mit welcher ich mich nicht in bloß zufälliger, sondern allgemeiner und notwendiger Verknüpfung erkenne.

VII, 300

Es ist merkwürdig genug, daß die Menschen im Kindesalter der Philosophie davon anfingen, wo wir jetzt lieber endigen möchten, nämlich zuerst die Erkenntnis Gottes und die Hoffnung oder wohl gar Beschaffenheit einer andern Welt zu studieren. Was auch die alten Gebräuche, die noch von dem rohen Zustande der Völker übrig waren, für grobe Religionsbegriffe eingeführt haben mochten, so hinderte dieses doch nicht den aufgeklärten Teil, sich freien Nachforschungen über diesen Gegenstand zu widmen, und man sah leicht ein, daß es keine gründliche und zuverlässigere Art geben könne, der unsichtbaren Macht, die die Welt regiert, zu gefallen, um wenigstens in einer andern Welt glücklich zu sein, als den guten Lebenswandel.

IV, 709

Es hat wohl niemals eine rechtschaffene Seele gelebt, welche den Gedanken hätte ertragen können, daß mit dem Tode alles zu Ende sei, und deren edle Gesinnung sich nicht zur Hoffnung der Zukunft erhoben hätte. Daher erscheint es der menschlichen Natur und der Reinigkeit der Sitten gemäßer zu sein: die Erwartung der künftigen Welt auf die Empfindungen einer wohlgearteten Seele, als umgekehrt ihr Wohlverhalten auf die Hoffnung der andern Welt zu gründen.

II, 989

Wir sind zwar gesetzgebende Glieder eines durch Freiheit möglichen, durch praktische Vernunft uns zur Achtung vorgestellten Reichs der Sitten, aber doch zugleich Untertanen, nicht das Oberhaupt desselben, und die Verkennung unserer niederen Stufe, als Geschöpfe, und Weigerung des Eigendünkels gegen das Ansehen des heiligen Gesetzes, ist schon eine Abtrünnigkeit von demselben, dem Geiste nach, wenn gleich der Buchstabe desselben erfüllet würde.

Hiemit stimmt aber die Möglichkeit eines solchen Gebots als: *Liebe Gott über alles und deinen Nächsten als dich selbst* ganz wohl zusammen. Denn es fordert doch, als Gebot, Achtung für ein Gesetz, das Liebe befiehlt, und überläßt es nicht der beliebigen Wahl, sich diese zum Prinzip zu machen. Aber Liebe zu Gott als Neigung ist unmöglich; denn er ist kein Gegenstand der Sinne. Eben dieselbe gegen Menschen ist zwar möglich, kann aber nicht geboten werden; denn es steht in keines Menschen Vermögen, jemanden bloß auf Befehl zu lieben. Also ist es bloß die *praktische* Liebe, die in jenem Kern aller Gesetze verstanden wird. Gott lieben, heißt in dieser Bedeutung, seine Gebote *gerne* tun; den Nächsten lieben, heißt, alle Pflicht gegen ihn *gerne* ausüben. – Jenes Gesetz aller Gesetze stellt so die sittliche Gesinnung in ihrer ganzen Vollkommenheit dar, so wie sie als ein Ideal der Heiligkeit von keinem Geschöpfe erreichbar, dennoch das Urbild ist, welchem wir uns zu nähern und, in einem ununterbrochenen, aber unendlichen Progressus, gleich zu werden streben sollen.

VII, 204 f./205 f.

Wenn es also heißt: du sollst deinen Nächsten *lieben* als dich selbst, so heißt das nicht: du sollst unmittelbar lieben und vermittelst dieser *Liebe* wohl tun, sondern: *tue* deinem Nebenmenschen *wohl*, und dieses Wohltun wird Menschenliebe in dir bewirken!

VIII, 533

Liebe ist eine Sache der *Empfindung*, nicht des Wollens, und ich kann nicht lieben, weil ich *will*, noch weniger aber, weil ich *soll*; mithin ist eine Pflicht zu lieben ein Unding. *Wohlwollen* aber kann, als ein Tun, einem Pflichtgesetz unterworfen sein.

VIII, 532f.

Anderen Menschen nach unserem Vermögen *wohlzutun* ist Pflicht, man mag sie lieben oder nicht, und diese Pflicht verliert nichts an ihrem Gewicht, wenn man gleich die traurige Bemerkung machen müßte, daß unsere Gattung, leider! dazu nicht geeignet ist, daß, wenn man sie näher kennt, sie sonderlich liebenswürdig befunden werden dürfte. – *Menschenhaß* aber ist jederzeit *häßlich*, wenn er auch, ohne tätige Anfeindung, bloß in der gänzlichen Abkehrung von Menschen bestände. Denn das Wohlwollen bleibt immer Pflicht, selbst gegen den Menschenhasser, den man freilich nicht lieben, aber ihm doch *Gutes* erweisen kann.

VIII, 533

Moralisch *ungläubig* ist der, welcher nicht dasjenige annimmt, was zu wissen zwar *unmöglich*, aber vorauszusetzen *moralisch notwendig* ist. Dieser Art des Unglaubens liegt immer Mangel an moralischem Interesse zum Grunde. Je größer die moralische Gesinnung eines Menschen ist: desto fester und lebendiger wird auch sein Glaube sein an alles dasjenige, was er aus dem moralischen Interesse in praktisch notwendiger Absicht anzunehmen und vorauszusetzen sich genötiget fühlt.

VI, 499

Wir werden, so weit praktische Vernunft uns zu führen das Recht hat, Handlungen nicht darum für verbindlich halten, weil sie Gebote Gottes sind, sondern sie darum als göttliche Gebote ansehen, weil wir dazu innerlich verbindlich sind. Wir werden die Freiheit, unter der zweckmäßigen Einheit nach Prinzipien der Vernunft, studieren und nur so fern glauben, dem göttlichen Willen gemäß zu sein, als wir das Sittengesetz, welches uns die Vernunft aus der Natur der Handlungen selbst lehrt, heilig halten und ihm dadurch allein zu dienen glauben, daß wir das Weltbeste an uns und an andern befördern.

IV, 686 f.

Die Eitelkeit der Wissenschaft entschuldigt gerne ihre Beschäftigung mit dem Vorwande der Wichtigkeit, und so gibt man auch hier gemeiniglich vor, daß die Vernunfteinsicht von der geistigen Natur der Seele zu der Überzeugung von dem Dasein nach dem Tode, diese aber zum Bewegungsgrunde eines tugendhaften Lebens sehr nötig sei. – Allein die wahre Weisheit ist die Begleiterin der Einfalt, und, da bei ihr das Herz dem Verstande die Vorschrift gibt, so macht sie gemeiniglich die großen Zurüstungen der Gelehrsamkeit entbehrlich. – Wie? Ist es denn nur darum gut tugendhaft zu sein, weil es eine andre Welt gibt, oder werden die Handlungen nicht vielmehr dereinst belohnt werden, weil sie an sich selbst gut und tugendhaft waren?

II, 988

Eine Religion, die der Vernunft unbedenklich den Krieg ankündigt, wird es auf die Dauer gegen sie nicht aushalten.

VIII, 657

Das denkende Subjekt ist der Gegenstand der *Psychologie*, der Inbegriff aller Erscheinungen (die Welt) der Gegenstand der *Kosmologie*, und das Ding, welches die oberste Bedingung der Möglichkeit von allem, was gedacht werden kann, enthält (das Wesen aller Wesen), der Gegenstand der *Theologie*. Also gibt die reine Vernunft die Idee zu einer transzendentalen Seelenlehre, zu einer transzendentalen Weltwissenschaft, endlich auch zu einer transzendentalen Gotteserkenntnis an die Hand.

III, 336

Ich kann vom Übersinnlichen, z. B. von Gott, zwar eigentlich keine theoretische Erkenntnis, aber doch eine Erkenntnis nach der Analogie, und zwar die der Vernunft zu denken notwendig ist, haben.

VI, 614

Weil in Gott alles Realität ist, mit dieser aber nichts in größerer Harmonie ist, als worin selbst eine größere Realität anzutreffen, so muß die größeste Realität, die einer Welt zukommen kann, in keiner als der gegenwärtigen befindlich sein.

II, 593

Wenn man fragt, warum denn etwas daran gelegen sei, überhaupt eine Theologie zu haben: so leuchtet klar ein, daß sie nicht zur Erweiterung oder Berichtigung unserer Naturkenntnis und überhaupt irgend einer Theorie, sondern lediglich zur Religion, d. i. dem praktischen, namentlich dem moralischen Gebrauche der Vernunft in subjektiver Absicht nötig sei.

X, 452

Daß der sogenannte Laie in Sachen Religion, da diese als Moral gewürdigt werden muß, sich seiner eigenen Vernunft nicht bedienen, sondern dem bestallten *Geistlichen*, mithin fremder Vernunft, folgen solle, ist ungerecht zu verlangen; da im Moralischen ein jeder sein Tun und Lassen selbst verantworten muß, und der Geistliche die Rechenschaft darüber nicht auf seine eigene Gefahr übernehmen wird, oder es auch nur kann.

In diesen Fällen aber sind die Menschen geneigt, mehr Sicherheit für ihre Person darin zu setzen, daß sie sich alles eigenen Vernunftgebrauchs begeben und sich passiv und gehorsam unter eingeführte Satzungen heiliger Männer fügen. Dies tun sie aber nicht so wohl aus dem Gefühl ihres Unvermögens in Einsichten, sondern aus *Arglist*, teils um, wenn etwa hiebei gefehlt sein möchte, die Schuld auf andere schieben zu können, teils und vornehmlich um jenem Wesentlichen (der Herzensänderung), welches viel schwerer ist als Kultus, mit guter Art auszuweichen.

XII, 510f.

Ein Glaube, der geboten wird, ist ein Unding.

VII, 278

Es ist eine Bedingung einer zwar zufälligen, aber doch nicht unerheblichen Absicht, nämlich, um eine Leitung in der Nachforschung der Natur zu haben, einen weisen Welturheber vorauszusetzen. Der Ausgang meiner Versuche bestätigt auch so oft die Brauchbarkeit dieser Voraussetzung, und nichts kann auf entscheidende Art dawider angeführt werden: daß ich viel zu wenig sage, wenn ich mein Fürwahrhalten bloß ein Meinen nennen wollte, sondern es kann selbst in diesem theoretischen Verhältnisse gesagt werden, daß ich festiglich einen Gott glaube. –

Der Ausdruck des Glaubens ist ein Ausdruck der Bescheidenheit in *objektiver* Absicht, aber doch zugleich Festigkeit des Zutrauens in *subjektiver*.

IV, 692

Können wir einen einigen weisen und allgewaltigen Welturheber annehmen? *Ohne allen Zweifel*; und nicht allein dies, sondern wir müssen einen solchen voraussetzen. Aber alsdenn erweitern wir doch unsere Erkenntnis über das Feld möglicher Erfahrung? *Keineswegs*. Denn wir haben nur ein Etwas vorausgesetzt, wovon wir gar keinen

Begriff haben, was es an sich selbst sei, aber, in Beziehung auf die systematische und zweckmäßige Ordnung des Weltbaues, welche wir, wenn wir die Natur studieren, voraussetzen müssen, haben wir uns jenes unbekannte Wesen nur *nach der Analogie* mit einer Intelligenz gedacht, d.i. es in Ansehung der Zwecke und der Vollkommenheit, die sich auf demselben gründen, gerade mit denen Eigenschaften begabt, die nach den Bedingungen unserer Vernunft den Grund einer solchen systematischen Einheit enthalten können. Diese Idee ist also *respektiv auf den Weltgebrauch* unserer Vernunft ganz gegründet.

IV, 601 f.

Wir müssen eine moralische Weltursache annehmen, um uns, gemäß dem moralischen Gesetze, einen Endzweck vorzusetzen; und, so weit als das letztere notwendig ist, so weit ist auch das erstere notwendig anzunehmen: nämlich es sei ein *Gott*.

X, 413

Für den *göttlichen* und überhaupt für einen *heiligen* Willen gelten keine Imperative; das *Sollen* ist hier am unrechten Orte, weil das *Wollen* von selbst mit dem Gesetz notwendig einstimmig ist.

VII, 43

Man bedienet sich der Weltweisheit sehr schlecht, wenn man sie dazu gebraucht, die Grundsätze der gesunden Vernunft umzukehren.

II, 592

Eine Religion, die den Menschen finster macht, ist falsch.

XII, 745

Etwas ist nicht darum gut, weil es nach dem Laufe der Natur geschieht, sondern der Lauf der Natur ist gut, in so fern das, was daraus fließt, gut ist. Und da Gott eine Welt in seinem Ratschlusse begriff, in der alles mehrenteils durch einen natürlichen Zusammenhang die Regel des Besten erfüllete: so würdigte er sie seiner Wahl, nicht weil darin, daß es natürlich zusammenhing, das Gute bestand, sondern weil durch diesen natürlichen Zusammenhang ohne viele Wunder die vollkommenen Zwecke am richtigsten erreicht wurden.

II, 673 f.

Gott hat vernünftige Wesen erschaffen, gleichsam aus dem Bedürfnisse, etwas außer sich zu haben, was er lieben könne, oder auch von dem er geliebt werde.

VIII, 630

Die Unermeßlichkeit der Schöpfung: Materielle und immaterielle Welten

Es können Dinge wirklich existieren, dennoch aber nirgends in der Welt vorhanden sein.

I, 31

Das Weltgebäude setzet durch seine unermeßliche Größe und durch die unendliche Mannigfaltigkeit und Schönheit, welche aus ihm von allen Seiten hervorleuchtet, in ein stilles Erstaunen. Wenn die Vorstellung aller dieser Vollkommenheit nun die Einbildungskraft rühret: so nimmt den Verstand andererseits eine andere Art der Entzückung ein, wenn er betrachtet, wie so viel Pracht, so viel Größe aus einer einzigen allgemeinen Regel, mit einer ewigen und richtigen Ordnung, abfließet.

I, 326

Man kann die Möglichkeit immaterieller Wesen annehmen ohne Besorgnis widerlegt zu werden, wiewohl auch ohne Hoffnung, diese Möglichkeit durch Vernunftgründe beweisen zu können. Solche geistige Naturen würden im Raume gegenwärtig sein, so daß derselbe dem ungeachtet für körperliche Wesen immer durchdringlich bliebe, weil ihre Gegenwart wohl eine *Wirksamkeit* im Raume, aber nicht dessen *Erfüllung*, d.i. einen Widerstand als den Grund der Solidität enthielte.

II, 929

Die Gegenwart des Unstofflichen in der Körperwelt ist virtuell.

V, 91

Ich gestehe, daß ich sehr geneigt sei, das Dasein immaterieller Naturen in der Welt zu behaupten und meine Seele selbst in die Klasse dieser Wesen zu versetzen. –

Es scheinet, ein geistiges Wesen sei der Materie innigst gegenwärtig, mit der es verbunden ist, und wirke nicht auf diejenigen Kräfte der Elemente, womit diese untereinander in Verhältnissen sein, sondern auf das innere Principium ihres Zustandes.

II, 934 f. u. Anm.

Schlechterdings kann keine menschliche Vernunft die Erzeugung auch nur eines Gräschens aus bloß mechanischen Ursachen zu verstehen hoffen.

X, 364

Aller Notwendigkeit liegt jederzeit eine transzendentale Bedingung zum Grunde.

III, 167

Die Sphäre der ausgebildeten Natur ist allemal nur ein unendlich kleiner Teil desjenigen Inbegriffs, der den Samen zukünftiger Welten in sich hat und sich aus dem rohen Zustande des Chaos, in längern oder kürzern Perioden, auszuwickeln trachtet. Die Schöpfung ist niemals vollendet. Sie hat zwar einmal angefangen, aber sie wird niemals aufhören. Sie ist immer geschäftig, mehr Auftritte der Natur, neue Dinge und neue Welten hervor zu bringen. Das Werk, welches sie zu Stande bringt, hat ein Verhältnis zu der Zeit, die sie darauf anwendet. Sie braucht nichts weniger als eine Ewigkeit, um die ganze grenzenlose Weite der unendlichen Räume, mit Welten ohne Zahl und ohne Ende, zu beleben.

I, 335

Es gibt keine so sichere und doch in so große Weite hinaus erstreckte Wahrsagungswissenschft als die der Astronomie, welche die Umwälzungen der Himmelskörper ins Unendliche vorherverkündigt. Aber das hat doch nicht hindern können, daß sich nicht bald eine Mystik hinzugesellet hat, welche nicht etwa, wie die Vernunft es verlangt, die Zahlen der Weltepochen von den Begebenheiten, sondern umgekehrt die Begebenheiten von gewissen Zahlen abhängig machen wollte und so die Chronologie selbst, eine so notwendige Bedingung aller Geschichte, in eine Fabel verwandelte.

XII, 495

Die Beobachtungen und Berechnungen der Sternkundigen haben uns viel Bewunderungswürdiges gelehrt, aber das Wichtigste ist wohl, daß sie uns den Abgrund der *Unwissenheit* aufgedeckt haben, den die menschliche Vernunft, ohne diese Kenntnisse, sich niemals so groß hätte vorstellen können und worüber das Nachdenken eine große Veränderung in der Bestimmung der Endabsichten unseres Vernunftgebrauchs hervorbringen muß.

IV, 517 Anm.

Wenn die Beschaffenheit eines Himmelskörpers der Bevölkerung natürliche Hindernisse entgegen setzet: so wird er unbewohnt sein, obgleich es an und für sich schöner wäre, daß er Einwohner hätte. Die Trefflichkeit der Schöpfung verlieret dadurch nichts: denn das Unendliche ist unter allen Größen diejenige, welche, durch Entziehung eines endlichen Teiles, nicht vermindert wird. – Indessen sind doch die meisten unter den Planeten gewiß bewohnt, und die es nicht sind, werden es dereinst werden.

I, 380/381

Es ist uns nicht einmal recht bekannt, was der Mensch anjetzo wirklich ist, ob uns gleich das Bewußtsein und die Sinne hievon belehren sollten; wie viel weniger werden wir erraten können, was dereinst werden soll. Dennoch schnappet die Wißbegierde der menschlichen Seele sehr begierig nach diesem von ihr so entfernten Gegenstande und strebet, in solchem dunkeln Erkenntnisse einiges Licht zu bekommen.

Sollte die unsterbliche Seele wohl in der ganzen Unendlichkeit ihrer künftigen Dauer, die das Grab selber nicht unterbricht, sondern nur verändert, an diesen Punkt des Weltraumes, an unsere Erde jederzeit geheftet bleiben? Sollte sie niemals von den übrigen Wundern der Schöpfung eines näheren Anschauens teilhaftig werden? Wer weiß, ist es ihr nicht zugedacht, daß sie dereinst jene entfernten Kugeln des Weltgebäudes und die Trefflichkeiten ihrer Anstalten, die schon von weitem ihre Neugierde so reizen, von nahem soll kennen lernen? Vielleicht bilden sich darum noch einige Kugeln des Planetensystems aus, um nach vollendetem Ablaufe der Zeit, die unserem Aufenthalte allhier vorgeschrieben ist, uns in andern Himmeln neue Wohnplätze zu bereiten.

I, 395

Ins Innre der Natur dringt Beobachtung und Zergliederung der Erscheinungen, und man kann nicht wissen, wie weit dieses mit der Zeit gehen werde. Jene transzendentalen Fragen aber, die über die Natur hinausgehen, würden wir bei allem dem doch niemals beantworten können, wenn uns auch die ganze Natur aufgedeckt wäre, da es uns nicht einmal gegeben ist, unser eigenes Gemüt mit einer andern Anschauung als der unseres inneren Sinnes zu beobachten.

III, 297 f.

Alle Moralität der Handlungen kann nach der Ordnung der Natur niemals ihre vollständige Wirkung in dem leiblichen Leben des Menschen haben, wohl aber in der Geisterwelt nach pneumatischen Gesetzen. Die wahren Absichten, die geheimen Beweggründe vieler aus Ohnmacht fruchtlosen Bestrebungen, der Sieg über sich selbst, oder auch bisweilen die verborgene Tücke bei scheinbarlich guten Handlungen, sind mehrenteils für den physischen Erfolg in dem körperlichen Zustande verloren, sie würden aber auf solche Weise in der immateriellen Welt als fruchtbare Gründe angesehen werden müssen, und in Ansehung ihrer nach pneumatischen Gesetzen zu Folge der Verknüpfung des Privatwillens und des allgemeinen Willens, d. i. der Einheit und des Ganzen der Geisterwelt, eine der sittlichen Beschaffenheit der freien Willkür angemessene Wirkung ausüben oder auch gegenseitig empfangen. Denn weil das Sittliche der Tat den inneren Zustand des Geistes betrifft, so kann es auch natürlicher Weise nur in der unmittelbaren Gemeinschaft der Geister die der ganzen Moralität adäquate Wirkung nach sich ziehen. Dadurch würde es nun geschehen, daß die Seele des Menschen schon in diesem Leben, dem sittlichen Zustande zufolge, ihre Stelle unter den geistigen Substanzen des Universums einnehmen müßte, so wie nach den Gesetzen der Bewegung die Materien des Weltraums sich in solche Ordnung gegeneinander setzen, die ihren Körperkräften gemäß ist. Wenn denn endlich durch den Tod die Gemeinschaft der Seele mit der Körperwelt aufgehoben worden, so würde das Leben in der andern Welt nur eine natürliche Fortsetzung derjenigen Verknüpfung sein, darin sie mit ihr schon in diesem Leben gestanden war, und die gesamten Folgen der hier ausgeübten Sittlichkeit würden sich dort in denen Wirkungen wieder finden, die ein mit der Geisterwelt in unauflöslicher Gemeinschaft stehendes Wesen schon vorher daselbst nach pneumatischen Gesetzen ausgeübt hat. Die Gegenwart und die Zukunft würden also gleichsam aus einem Stücke sein und ein stetiges Ganzes ausmachen, selbst nach der *Ordnung der Natur*.

II, 944 ff.

Es ist so gut als demonstriert, oder es könnte leichtlich bewiesen werden, oder noch besser, es wird künftig, ich weiß nicht wo oder wann, noch bewiesen werden: daß die menschliche Seele auch in diesem Leben in einer unauflöslich verknüpften Gemeinschaft mit allen immateriellen Naturen der Geisterwelt stehe, daß sie wechselweise in diese wirke und von ihnen Eindrücke empfange, deren sie sich aber als Mensch nicht bewußt ist, so lange alles wohl steht. Andererseits ist es auch wahrscheinlich, daß die geistigen Naturen unmittelbar keine sinnliche Empfindung von der Körperwelt mit Bewußtsein haben können, weil sie mit keinem Teil der Materie zu einer Person verbunden sein – daß sie aber wohl in die Seelen der Menschen als Wesen von einerlei Natur einfließen können und auch wirklich jederzeit mit ihnen in wechselseitiger Gemeinschaft stehen, doch so, daß in der Mitteilung der Vorstellungen diejenige, welche die Seele als ein von der Körperwelt abhängendes Wesen in sich enthält, nicht in andere geistige Wesen, und die Begriffe der letzteren, als anschauende Vorstellungen von immateriellen Dingen, nicht in das klare Bewußtsein des Menschen übergehen können, wenigstens nicht in ihrer eigentlichen Beschaffenheit, weil die Materialien zu beiderlei Ideen von verschiedener Art sind.

II, 931 f.

Wenn man von dem Himmel als dem Sitze der Seligen redet, so setzt die gemeine Vorstellung ihn gerne über sich, hoch in dem unermeßlichen Weltraume. Man bedenket aber nicht, daß unsre Erde, aus diesen Gegenden gesehen, auch als einer von den Sternen des Himmels erscheine, und daß die Bewohner anderer Welten mit ebenso gutem Grunde nach uns hin zeigen könnten und sagen: sehet da den Wohnplatz ewiger Freuden und einen himmlischen Aufenthalt, welcher zubereitet ist, uns dereinst zu empfangen. Ein wunderlicher Wahn nämlich macht, daß der hohe Flug, den die Hoffnung nimmt, immer mit dem Begriffe des Steigens verbunden ist, ohne zu bedenken, daß, so hoch man auch gestiegen ist, man doch wieder sinken müsse, um allenfalls in einer andern Welt festen Fuß zu fassen. Nach den angeführten Begriffen aber würde der Himmel eigentlich die Geisterwelt sein, oder, wenn man will, der selige Teil derselben, und diese würde man weder über sich noch unter sich zu suchen haben, weil ein solches immaterielles Ganzes nicht nach den Entfernungen oder Nahheiten gegen körperliche Dinge, sondern in geistigen Verknüpfungen seiner Teile untereinander vorgestellt werden muß.

II, 941 f. Anm.

Die Elemente haben wesentliche Kräfte, einander in Bewegung zu setzen, und sind selber eine Quelle des Lebens.

I, 276

Aber, welches wird denn endlich das Ende der systematischen Einrichtungen sein? Wo wird die Schöpfung selber aufhören? Man merket wohl, daß, um sie in einem Verhältnisse mit der Macht des unendlichen Wesens zu gedenken, sie gar keine Grenzen haben müsse. Man kommt der Unendlichkeit der Schöpfungskraft Gottes nicht näher, wenn man den Raum ihrer Offenbarung in einer Sphäre, mit dem Radius der Milchstraße beschrieben, einschließet, als wenn man ihn in eine Kugel beschränken will, die einen Zoll im Durchmesser hat. Alles, was endlich, was seine Schranken und ein bestimmtes Verhältnis zur Einheit hat, ist von dem Unendlichen gleich weit entfernet.

I, 329

Ist es nicht notwendig, den Inbegriff der Schöpfung also anzustellen, als er sein muß, um ein Zeugnis von derjenigen Macht zu sein, die durch keinen Maßstab kann abgemessen werden? Aus diesem Grund ist das Feld der Offenbarung göttlicher Eigenschaften eben so unendlich, als diese selber sind.

I, 329

Wenn man die Quantität einer Kraft messen will, so muß man sie in ihren Wirkungen verfolgen.

I, 82

Man kann den unvermeidlichen Hang, den ein jegliches zur Vollkommenheit gebrachtes Weltgebäude nach und nach zu seinem Untergange hat, unter die Gründe rechnen, die es bewähren können, daß das Universum dagegen in andern Gegenden der Welten fruchtbar sein werde, um den Mangel zu ersetzen, den es an einem Orte erlitten hat. Das ganze Stück der Natur, das wir kennen, ob es gleich nur ein Atomus in Ansehung dessen ist, was über oder unter unserem Gesichtskreise verborgen bleibt, bestätiget doch diese Fruchtbarkeit der Natur, die ohne Schranken ist, weil sie nichts anders als die Ausübung der göttlichen Allmacht selber ist. Unzählige Tiere und Pflanzen werden täglich zerstöret und sind ein Opfer der Vergänglichkeit; aber nicht weniger bringet die Natur, durch ein unerschöpftes Zeugungsvermögen, an andern Orten wiederum hervor und füllet das Leere aus. Beträchtliche Stücke des Erdbodens, den wir bewohnen, werden wiederum in dem Meere begraben, aus dem sie ein günstiger Periodus hervorgezogen hatte; aber an anderen Orten ergänzet die Natur den Mangel und bringet andere Gegenden hervor, die in der Tiefe des Wassers verborgen waren, um neue Reichtümer ihrer Fruchtbarkeit über dieselbe auszubreiten. Auf die gleiche Art vergehen Welten und Weltordnungen und werden von dem Abgrunde der Ewigkeiten verschlungen; dagegen ist die Schöpfung immerfort geschäftig, in andern Himmelsgegenden neue Bildungen zu verrichten und den Abgang mit Vorteile zu ergänzen.

I, 338

Laßt uns also unser Auge an diese erschrecklichen Umstürzungen als an die gewöhnlichen Wege der Vorsehung gewöhnen und sie sogar mit einer Art von Wohlgefallen ansehen. Und in der Tat ist dem Reichtume der Natur nichts anständiger als dieses. Denn wenn ein Weltsystem in der langen Folge seiner Dauer alle Mannigfaltigkeit erschöpfet, die seine Einrichtung fassen kann, wenn es nun ein überflüssiges Glied in der Kette der Wesen geworden: so ist nichts geziemender, als daß es in dem Schauspiele der ablaufenden Veränderungen des *Universi* die letzte Rolle spielet, die jedem endlichen Dinge gebühret, nämlich der Vergänglichkeit ihr Gebühr abtrage. Die Natur zeiget, wie gedacht, schon in dem kleinen Teile ihres Inbegriffes, diese Regel ihres Verfahrens, die das ewige Schicksal ihr im Ganzen vorgeschrieben hat, und ich sage es nochmals, die Größe desjenigen, was untergehen soll, ist hierin nicht im geringsten hinderlich; denn alles, was groß ist, wird klein, ja es wird gleichsam nur ein Punkt, wenn man es mit dem Unendlichen vergleicht, welches die Schöpfung in dem unbeschränkten Raume, die Folge der Ewigkeit hindurch, darstellen wird.

I, 340f.

Die Unendlichkeit der künftigen Zeitfolge, womit die Ewigkeit unerschöpflich ist, wird alle Räume der Gegenwart Gottes ganz und gar beleben und in die Regelmäßigkeit, die der Trefflichkeit seines Entwurfes gemäß ist, nach und nach versetzen, und wenn man mit einer kühnen Vorstellung die ganze Ewigkeit, so zu sagen, in einem Begriffe zusammen fassen könnte: so würde man auch den ganzen unendlichen Raum mit Weltordnungen angefüllet und die Schöpfung vollendet ansehen können.

I, 335

Zeittafel

1724 am 22. April wird Immanuel Kant in Königsberg, der damaligen Hauptstadt des Herzogtums Preußen, als viertes von elf Kindern des Riemermeisters Johann Georg Kant und seiner Frau Anna Regina, geb. Reuter, geboren. Die Mutter, eine überzeugte, aber nicht bigotte Pietistin, nimmt sich der frühen Erziehung des schwächlichen Kindes mit großem Einsatz an und erreicht durch ihre Verbindung zu dem angesehenen Professor der Theologie Franz Albert Schultz, daß Kant nach zwei Jahren an der Vorstädter Hospitalschule, die er ab 1730 besucht, in eine wesentlich bessere Lehranstalt überwechseln kann.

1732 wird der Achtjährige Schüler des namhaften Collegium Fridericianum, dessen Leitung Schultz innehat. Über die dort gepflegten Zwangsandachten und pietistischen Bevormundungen hat Kant sich später mit großer Abneigung geäußert. Der gründlichen Ausbildung, speziell in den alten Sprachen, fühlte er sich hingegen lebenslang zu Dank verpflichtet.

1738 Tod der Mutter.

1740 Nach einer Aufnahmeprüfung wird der sechzehnjährige Kant zum Studium der Philosophie, Naturwissenschaft und Mathematik an der Universität Königsberg zugelassen. Er verdient von nun an seinen eigenen Lebensunterhalt durch Privatstunden und teilt sich eine Unterkunft mit einem Freund. Anschluß an seinen Lehrer der Logik und Metaphysik Martin Knutzen, der – neben Schultz, dessen theologische Vorlesungen Kant weiterhin regelmäßig besucht – prägenden Einfluß auf ihn gewinnt.

1746 Tod des Vaters.
Kant verläßt die Universität, vermutlich ohne formellen Abschluß, und schreibt seine erste Abhandlung, *Gedanken von der wahren Schätzung der lebendigen Kräfte*, die 1747 veröffentlicht wird.

bis 1751 zunächst Hauslehrer bei drei Söhnen eines reformierten Geistlichen in Judtschen, unweit von Königsberg, dann Hofmeister auf Gut Arensdorf (bei Saalfeld) und

bis 1755 auf Schloß Rautenburg bei Tilsit bzw. Capustigall bei Waldburg im Dienst des Grafen Keyserling.
Daneben verfolgt Kant seinen bereits während des Studiums gefaßten Entschluß, die wissenschaftliche Lehrtätigkeit an der Universität einzuschlagen, und beschäftigt sich mit den zeitgenössischen Philosophen.

1755 am 12. Juni wird Kant mit einer lateinischen Abhandlung »Über das Feuer«: *Mediationum quarundam de igne succincta delineatio* in Königsberg promoviert und erhält Ende September des Jahres, nach einer zweiten lateinischen Abhandlung über »Die Grundprinzipien der metaphysischen Erkenntnis«: *Principiorum primorum cognitionis metaphysicae nova dilucidatio*, eine Anstellung als Privatdozent für Philosophie, Theologie und Naturwissenschaften an der Universität.

1756 im April qualifiziert sich Kant mit einer dritten lateinischen Abhandlung »Über die physische Monadologie«: *Monadologia physica* für eine künftige Professur.

1763 Verleihung des zweiten Preises der Preußischen Akademie der Wissenschaften für seine *Untersuchung über die Deutlichkeit der Grundsätze der natürlichen Theologie und der Moral.*

1764 Angebot einer Professur für Dichtkunst, das Kant ablehnt.

1765 Erste Amtsstellung als Unterbibliothekar an der Königlichen Schloßbibliothek Königsberg, die ihm mit 41 Jahren endlich ein festes, wenn auch bescheidenes Einkommen sichert.

1769 Berufung als ordentlicher Professor nach Erlangen und Jena. Da Kant Aussichten auf eine Professur in Königsberg hat, zieht er seine bereits erfolgte Zusage für Erlangen zurück.

1770 Antritt als ordentlicher Professor für Metaphysik und Logik an der Universität Königsberg mit einer lateinischen Dissertation »Über Form und Prinzipien der sinnlichen und intelligiblen Welt«: *De mundi sensibilis atque intelligibilis forma et principia*, die nach den geltenden Satzungen öffentlich verteidigt und disputiert werden muß.

1772 Aufgabe der Bibliothekarsstelle.

1780 Eintritt in den akademischen Senat der Universität.

1781 *Kritik der reinen Vernunft.*

1783 *Prolegomena zu einer jeden künftigen Metaphysik.*
1785 *Grundlegung zur Metaphysik der Sitten.*
1786 Kant wird zum Rektor der Universität ernannt.
Auszeichnung durch den gerade gekrönten König Friedrich Wilhelm II., die mit einer außergewöhnlichen Erhöhung des Jahresgehalts verbunden ist.
Metaphysische Anfangsgründe der Naturwissenschaft.
1787 Kant kauft sich ein eigenes Haus, in dem er ab jetzt seine Vorlesungen hält, wie damals unter Professoren üblich.
1788 Wiederwahl zum Rektor
Kritik der praktischen Vernunft.
1790 *Kritik der Urteilskraft.*
1792 Kant wird Senior der philosophischen Fakultät und der gesamten Akademie.
1793 *Die Religion innerhalb der Grenzen der bloßen Vernunft.*
1794 Schwierigkeiten mit der preußischen Zensur. Kant reduziert die Anzahl seiner Vorlesungen.
1797 Beendigung der akademischen Lehrtätigkeit.
Die Metaphysik der Sitten.
1798 Kant lebt zurückgezogen und beschränkt sich ganz auf den Umgang mit Freunden und Bekannten.
Anthropologie in pragmatischer Hinsicht.
Ab 1800 zunehmendes Nachlassen der körperlichen Kräfte. Kants Schüler und Hausfreund E. A. Ch. Wasianski pflegt den Philosophen und kümmert sich um dessen häusliche Belange. Nach und nach erscheinen die Vorlesungstexte und die bis dato noch nicht veröffentlichten Schriften Kants, deren Herausgabe Anhänger und Schüler betreuen.
1803 ab Oktober ernstliche Erkrankung an einem Magenleiden.
1804 am 12. Februar stirbt Immanuel Kant im Beisein einer seiner Schwestern, die Wasianski zuletzt bei der Krankenpflege unterstützt hatte, und seines treusorgenden Freundes.
28. Februar: Feierliche Beisetzung des Philosophen unter Anteilnahme ganz Königsbergs in der Universitäts- und Domkirche.

Quellenangaben

Sämtliche Zitate dieser Auswahl stammen aus: Immanuel Kant, Werkausgabe in zwölf Bänden. Herausgegeben von Wilhelm Weischedel. suhrkamp taschenbücher wissenschaft, Frankfurt am Main 1977

bzw. aus der text- und seitengleichen Theorie-Werkausgabe: Immanuel Kant, Werke in 12 Bänden, Frankfurt am Main 1968

Band I · Vorkritische Schriften bis 1768 · 1. Gedanken von der wahren Schätzung der lebendigen Kräfte. Allgemeine Naturgeschichte und Theorie des Himmels. Neue Erhellung der ersten Grundsätze metaphysischer Erkenntnis.

Band II · Vorkritische Schriften bis 1768 · 2. Der Gebrauch der Metaphysik, sofern sie mit der Geometrie verbunden ist. Neuer Lehrbegriff der Bewegung und Ruhe ... Versuch einiger Betrachtungen über den Optimismus. Die falsche Spitzfindigkeit der vier syllogistischen Figuren. Der einzig mögliche Beweisgrund zu einer Demonstration des Daseins Gottes. Untersuchung über die Deutlichkeit der Grundsätze der natürlichen Theologie und der Moral. Versuch, den Begriff der negativen Größen in die Weltweisheit einzuführen. Beobachtungen über das Gefühl des Schönen und Erhabenen. Versuch über die Krankheiten des Kopfes. Kants Nachricht von der Einrichtung seiner Vorlesungen (Winter 1765/66). Träume eines Geistersehers. Von dem ersten Grunde des Unterschiedes der Gegenden im Raume.

Band III · Kritik der reinen Vernunft · 1

Band IV · Kritik der reinen Vernunft · 2

Band V · Schriften zur Metaphysik und Logik · 1. Von der Form der Sinnen- und Verstandeswelt und ihren Gründen. Prolegomena zu einer jeden künftigen Metaphysik. Was heißt: sich im Denken orientieren? Einige Bemerkungen von Herrn Professor Kant. Über eine Entdeckung, nach der alle neue Kritik der reinen Vernunft durch eine ältere entbehrlich gemacht werden soll.

Band VI · Schriften zur Metaphysik und Logik · 2. Von einem neuerlich erhobenen vornehmen Ton in der Philosophie. Ausgleichung eines auf Mißverstand beruhenden mathematischen Streits. Verkündigung des nahen Abschlusses eines Traktats zum ewigen Frieden in der Philosophie. Logik. Welches sind die wirklichen Fortschritte, die die Metaphysik seit Leibnizens und Wolffs Zeiten in Deutschland gemacht hat

Band VII · Grundlegung zur Metaphysik der Sitten. Kritik der praktischen Vernunft.

Band VIII · Die Metaphysik der Sitten. Über ein vermeintes Recht aus Menschenliebe zu lügen. Die Religion innerhalb der Grenzen der bloßen Vernunft.

Band IX · Schriften zur Naturphilosophie. Metaphysische Anfangsgründe der Naturwissenschaft. Über den Gebrauch teleologischer Prinzipien in der Philosophie.

Band X · Erste Fassung der Einleitung in die Kritik der Urteilskraft. Kritik der Urteilskraft.

Band XI · Schriften zur Anthropologie, Geschichtsphilosophie, Politik und Pädagogik · 1. Von den verschiedenen Rassen der Menschen. Idee zu einer allgemeinen Geschichte in weltbürgerlicher Absicht. Beantwortung der Frage: Was ist Aufklärung? Bestimmung des Begriffs einer Menschenrasse. Mutmaßlicher Anfang der Menschengeschichte. Über das Mißlingen aller philosophischen Versuche in der Theodizee. Über den Gemeinspruch: Das mag in der Theorie richtig sein, taugt aber nicht für die Praxis. Das Ende aller Dinge. Zum ewigen Frieden. Ein philosophischer Entwurf. Aus Sömmering, über das Organ der Seele. Der Streit der Fakultäten.

Band XII · Schriften zur Anthropologie, Geschichtsphilosophie, Politik und Pädagogik · 2. Anthropologie in pragmatischer Hinsicht. Über Pädagogik. Rezensionen.

Formale Hinweise

Die römischen Ziffern am Ende der Zitate verweisen auf die jeweilige Bandnummer, die arabischen auf die Seitenzahl. – In seltenen Fällen, wo eine alternative Lesart angeboten wird, folgen die Texte der *Akademischen Ausgabe*, wie von Wilhelm Weischedel in die Fußnoten der *Werkausgabe* eingearbeitet. Veraltete Schreibweisen oder grammatikalische Formen wurden nur gemäßigt modernisiert, wenn es der heutigen Lesbarkeit dienlich erschien; z. B. »für« statt »vor«, »das« Bedürfnis statt »die« Bedürfnis, »fordern« statt »fodern« oder »wirksam« statt »würksam« etc. – Mitunter war durch die Isolierung einzelner Gedanken eine Umstellung der Syntax bzw. die Auslassung einer Konjunktion erforderlich. Bei weit ausholenden Gedankengängen mit eingeschobenen Beispielen oder Nebenüberlegungen, die den vorgegebenen Rahmen gesprengt hätten, wurden an manchen Stellen Kontraktionen vorgenommen, die aus typographischen Gründen nicht durch die gängigen Auslassungszeichen [...], sondern durch Gedankenstrich [–] gekennzeichnet sind.

U. M.-W.

Lektüre für Gestreßte
im insel taschenbuch

Buddha für Gestreßte. Ausgewählt von Ursula Gräfe. it 2594. 144 Seiten

Gandhi für Gestreßte. Ausgewählt von Martin Kämpchen. it 2806. 146 Seiten

Goethe für Gestreßte. Ausgewählt von Walter Hinck. it 1900. 128 Seiten

Hesse für Gestreßte. Ausgewählt von Volker Michels. it 2538. 158 Seiten

Kierkegaard für Gestreßte. Ausgewählt von Johan de Mylius. it 2661. 192 Seiten

Konfuzius für Gestreßte. Herausgegeben von Ursula Gräfe. it 2754. 128 Seiten

Karl Kraus für Gestreßte. Ausgewählt von Christian Wagenknecht. it 2190. 144 Seiten

Montaigne für Gestreßte. Ausgewählt von Uwe Schulz. it 2845. 120 Seiten

Nietzsche für Gestreßte. Vorgestellt von Ursula Michels-Wenz. it 1928. 112 Seiten

Novalis für Gestreßte. Ausgewählt von Ursula Michels-Wenz. it 2704. 160 Seiten

NF 8/1/4.02

Platon für Gestreßte. Ausgewählt von Michael Schroeder. it 2189. 112 Seiten

Rilke für Gestreßte. Ausgewählt von Vera Hauschild. it 2191. 112 Seiten

Schopenhauer für Gestreßte. Ausgewählt von Ursula Michels-Wenz. it 2504. 125 Seiten

Seneca für Gestreßte. Ausgewählt von Gerhard Fink. it 1940. 102 Seiten

NF 8/2/4.02

Biographien · Leben und Werk im insel taschenbuch Eine Auswahl

Jane Austen. Leben und Werk in Texten und Bildern. Von Angelika Beck. it 1620. 214 Seiten

Lou Andreas-Salomé. Eine Biographie. Von Cordula Koepcke. it 905. 474 Seiten

Elizabeth von Arnim. Eine Biographie. Von Kirsten Jüngling und Brigitte Roßbeck. Mit zahlreichen Fotografien. it 1840. 426 Seiten

Johann Sebastian Bach. Eine Biographie. Von Charles Sanford Terry. Mit einem Nachwort von Klaus Peter Richter. it 2588. 304 Seiten

Bertolt Brecht. Sein Leben und Werk in Bildern und Texten. Mit einem Vorwort von Max Frisch. Herausgegeben von Werner Hecht. Gestaltet von Willy Fleckhaus. it 1122. 351 Seiten

Die Brentanos. Eine deutsche Familiengeschichte. Von Klaus Günzel. Mit zahlreichen Abbildungen. it 1929. 330 Seiten

Die Schwestern Brontë. Leben und Werk in Texten und Bildern. Herausgegeben von Elsemarie Maletzke und Christel Schütz. it 814. 230 Seiten

Caffarelli. Das Leben des Kastraten Gaetano Majorano, genannt Caffarelli. Von Hubert Ortkemper. Mit Abbildungen. it 2599. 272 Seiten

NF 38/1/2.02

Dostojewski. Leben und Werk. Von Wolfgang Kasack. Mit Abbildungen. it 2267. 160 Seiten

Elisabeth von Österreich. Tagebuchblätter von Constantin Christomanos. Herausgegeben von Verena von der Heyden-Rynsch. Mit zeitgenössischen Abbildungen. it 1536. 213 Seiten

Elisabeth von Thüringen. Von Reinhold Schneider. Mit einem Geleitwort von Bernhard Vogel. Mit Bildern von Moritz Schwind. it 2118. 136 Seiten

Dietrich Fischer-Dieskau. Eine Biographie. Von Hans A. Neunzig. it 1984. 384 Seiten

Theodor Fontane. Leben und Werk in Texten und Bildern. Herausgegeben von Otto Drude. it 1660. 296 Seiten

Frauen um Goethe:

Christiane und Goethe. Eine Recherche. Von Sigrid Damm. Mit 10 Abbildungen. it 2800. 544 Seiten

Cornelia Goethe. Von Sigrid Damm. it 1452. 260 Seiten

Goethes Mutter. Eine Biographie von Dagmar von Gersdorff. it 2925. 464 Seiten

Ottilie von Goethe. Eine Biographie von Ruth Rahmeyer. it 2875. 400 Seiten

Werthers Lotte. Goethes Liebe für einen Sommer. Die Biographie der Charlotte Kestner. Von Ruth Rahmeyer. it 2272. 270 Seiten

NF 38/2/2.02

Georg Friedrich Händel. Von Christopher Hogwood. Übersetzt von Bettina Obrecht. it 2655. 500 Seiten

Heinrich Heine. Leben und Werk in Daten und Bildern. Herausgegeben von Joseph A. Kruse. it 615. 352 Seiten

Hermann Hesse. Sein Leben in Bildern und Texten. Herausgegeben von Volker Michels. Mit einem Vorwort von Hans Mayer. Gestaltet von Willy Fleckhaus. it 1111. 365 Seiten

Hermann Hesse. Werk und Wirkungsgeschichte. Von Siegfried Unseld. Mit zahlreichen Abbildungen. it 1112. 414 Seiten

Hermann Hesse. Leben und Werk im Bild. Herausgegeben von Volker Michels. Mit dem ›kurzgefaßten Lebenslauf‹ von Hermann Hesse. it 36. 235 Seiten

Marie Hesse. Ein Lebensbild in Briefen und Tagebüchern. Von Adele Gundert. Mit einem Essay von Siegfried Greiner. Mit frühen Lithographien von Gunter Böhmer. it 261. 261 Seiten

Hölderlin. Chronik seines Lebens. Von Adolf Beck. Mit zahlreichen Abbildungen. it 2873. 270 Seiten

Friedrich Hölderlin. Eine Biographie. Von Pierre Bertaux. it 2652. 730 Seiten

Hölderlin und Diotima. Eine Biographie. Von Beatrix Langner. it 2716. 228 Seiten

E. T. A. Hoffmann oder Die Tiefe zwischen Stern und Erde. Von Eckart Kleßmann. Mit zahlreichen Abbildungen. it 1732. 592 Seiten

NF 38/3/2.02

Marie Luise Kaschnitz. Eine Biographie. Von Dagmar von Gersdorff. Mit Abbildungen. it 1887. 364 Seiten

Katharina die Große. Memoiren. Übersetzt von Erich Boehme. Mit einer Einleitung und einem Nachwort von Hedwig Fleischhacker. it 1858. 467 Seiten

Harry Graf Kessler. Eine Biographie. Von Peter Grupp. it 2533. 400 Seiten

Lawrence von Arabien. Leben und Werk. Von Werner Koch. Mit einem Bildteil und Lebensdaten von Michael Schroeder. it 1704. 190 Seiten

Vögel, die verkünden Land. Das Leben des Jakob Michael Reinhold Lenz. Von Sigrid Damm. it 1399. 425 Seiten

Das Ende König Ludwigs II. Von Philipp Fürst zu Eulenburg-Hertefeld. Herausgegeben von Klaus von See. it 2734. 192 Seiten

Die Familie Mendelssohn. 1729-1847. Nach Briefen und Tagebüchern herausgegeben von Sebastian Hensel. Mit einem Nachwort von Konrad Feilchenfeldt. Mit zeitgenössischen Abbildungen. it 1671. 936 Seiten

Yehudi Menuhin. Von Tony Palmer. Übersetzt von Cornelia C. Walter. Mit zahlreichen Abbildungen. it 1989. 266 Seiten

Das Leben Michelangelos. Von Herman Grimm. it 1758. 865 Seiten

NF 38/4/2.02

Claude Monet. Von Georges Clemenceau. Betrachtungen und Erinnerungen eines Freundes. Aus dem Französischen von Hannah Szàsz. Mit farbigen Abbildungen und einem Nachwort von Gottfried Boehm. it 1152. 140 Seiten

Leopold Mozart. Eine Biographie. Von Erich Valentin. it 2224. 223 Seiten

Mozart. Leben und Werk in Texten und Bildern. Von Gernot Gruber. it 1695. 286 Seiten

Gabriele Münter und Wassily Kandinsky. Von Gisela Kleine. Mit zahlreichen Abbildungen. it 1611. Überarbeitete Neuauflage. 814 Seiten

Franziska Nietzsche. Von Klaus Goch. Mit zahlreichen Abbildungen. it 1623. 392 Seiten

Friedrich Nietzsche. Leben · Schriften · Zeugnisse. Von Ralph-Rainer Wuthenow. Mit zahlreichen Abbildungen. it 2601. 175 Seiten

Nijinsky. Der Gott des Tanzes. Von Romola Nijinsky. Mit einem Vorwort von Paul Claudel. Übersetzt von Hans Bütow. Mit zahlreichen Fotografien. it 566. 399 Seiten

Novalis. Dokumente seines Lebens und Sterbens. Herausgegeben von Hermann Hesse und Karl Isenberg. it 178. 220 Seiten

Edith Piaf. Ihr Leben in Texten und Bildern. Von Monique Lange. Übersetzt von Hugo Beyer. Mit einer Discographie. it 516. 227 Seiten

Marcel Proust. Leben und Werk in Texten und Bildern. Von Renate Wiggershaus. it 1348. 350 Seiten

George Sand. Leben und Werk in Texten und Bildern. Herausgegeben von Gisela Schlientz. it 565. 407 Seiten

Mary Shelley. Eine Biographie. Von Muriel Spark. Übersetzt von Angelika Beck. it 1258. 368 Seiten

Schillers Sohn Ernst. Ein Psychogramm in Briefen. Herausgegeben und mit einem Nachwort versehen von Hilde Lermann. it 2788. 304 Seiten

Clara und Robert Schumann. Eine Biographie. Von Wolfgang Held. it 2715. 272 Seiten

Peter Tschaikowsky. Eine Biographie. Von Edward Garden. Übersetzt von Konrad Küster. it 2232. 302 Seiten

Iwan S. Turgenjew. Eine Biographie. Von Juan Eduardo Zúñiga. Übersetzt von Peter Schwaar. Mit zahlreichen Abbildungen. it 2744. 288 Seiten

Giuseppe Verdi. Eine Biographie. Von Christoph Schwandt. Mit zahlreichen Abbildungen. it 2696. 304 Seiten

Antonio Vivaldi. Eine Biographie. Von Michael Talbot. Übersetzt von Konrad Küster. it 2217. 378 Seiten

Das Leben des Voltaire. Von Jean Orieux. Übersetzt von Julia Kirchner. it 1651. 1024 Seiten

Wilhelmine von Bayreuth. Eine preußische Königstochter. Neu herausgegeben von Ingeborg Weber-Kellermann. Mit Illustrationen und sieben Porträts. it 1280. 562 Seiten

NF 38/6/2.02

Stefan Zweig. Leben und Werk im Bild. Herausgegeben von Donald A. Prater und Volker Michels. it 532. 362 Seiten

Im Aufbruch. Biographien deutscher Jüdinnen. Von Marianne Goch. it 2541. 287 Seiten

Luise F. Pusch (Hg.)
- Mütter berühmter Männer. Zwölf biographische Portraits. Herausgegeben von Luise F. Pusch. it 1356. 490 Seiten
- Schwestern berühmter Männer. Zwölf biographische Porträts. Herausgegeben von Luise F. Pusch. Redaktionelle Mitarbeit: Jutta Wasels. it 796. 561 Seiten
- Töchter berühmter Männer. Neun biographische Portraits. it 979. 468 Seiten

Fünf Dichter – ein Jahrhundert. Frank Schirrmacher über George, Hofmannsthal, Rilke, Trakl und Benn. it 2549. 190 Seiten

Berühmte Liebespaare. Von Johann Wolfgang Goethe und Christiane Vulpius bis Simone Signoret und Yves Montand. Herausgegeben von Thomas Schröder. Farbig illustriert von Hans Hillmann. it 2532. 304 Seiten

Frauen mit Flügel. Lebensberichte berühmter Pianistinnen. Von Clara Schumann bis Clara Haskil. Herausgegeben von Monica Steegmann und Eva Rieger. it 1714. 402 Seiten

Die großen Komponistinnen. Von Hildegard von Bingen bis Germaine Tailleferre. Mit zahlreichen Abbildungen. it 2116. 435 Seiten

NF 38/7/2.02

»Durch das Jahr«

Anthologien
im insel taschenbuch

Die Rose. Herausgegeben von Beatrix Müller-Kampel. Mit farbigen Fotografien. it 2619. 179 Seiten

Frische Feigen. Ein literarischer Früchtekorb. Gepflückt von Hans Ulrich Hirschfelder. it 2646. 192 Seiten

Frohe Ostern. Geschichten und Gedichte. Herausgegeben von Franz-Heinrich Hackel. Großdruck. it 2372. 214 Seiten

Ostern in Rom. Herausgegeben von Stefan Janson. it 2596. 234 Seiten

Das Frühlingsbuch. Gedichte und Prosa. Herausgegeben von Hans Bender und Nikolaus Wolter. it 914. 238 Seiten

Das Sommerbuch. Gedichte und Prosa. Herausgegeben von Hans Bender. it 847. 230 Seiten

Das Herbstbuch. Gedichte und Prosa. Herausgegeben von Hans Bender. it 657. 262 Seiten

Das Winterbuch. Gedichte und Prosa. Herausgegeben von Hans Bender und Hans Georg Schwank. it 728. 252 Seiten

Das Gartenbuch. Gedichte und Prosa. Ausgewählt von Hans Bender. Mit farbigen Fotografien. it 1803. 273 Seiten

Lektüre im Garten. Ausgewählt von Franz-Heinrich Hackel. it 1967. 290 Seiten

NF 17/1/5.02

Meine erste Reise. Sechzehn wahre Geschichten. Herausgegeben von Hans Scherer. it 2196. 197 Seiten

Sommerliebe. Zärtliche Geschichten für den Reisekoffer, gepackt von Franz-Heinrich Hackel. it 1596. 350 Seiten

Warum in die Ferne? Das Lesebuch für Daheimgebliebene. Ausgewählt von Hans Christian Kosler. it 2832. 200 Seiten

Schwimmen. Texte und Bilder. Herausgegeben von Gisela Linder. it 2523. 140 Seiten

Narrenzeit. Geschichten und Bilder von argen Schelmen, seltsamen Käuzen und buntscheckigem Volk. Herausgegeben von Walter Gerlach. it 2274. 271 Seiten

Das Regenbuch. Herausgegeben von Simone Frieling. it 2579. 215 Seiten

Die Sonne. Das Lesebuch für Sommertage. Ausgewählt von Simone Frieling. it 2831. 230 Seiten

Wolken. Gedanken des Himmels. Gedichte, Prosa und farbige Bilder. Ausgewählt von Charitas Jenny-Ebeling. it 1871. 246 Seiten

NF 17/2/5.02

